じめての
株価チャート
1年生

上がる・下がるが面白いほどわかる本

株式会社フィスコ
三井智映子・中村孝也著

一番やさしい株価チャートの本!
買い・売りのタイミングが瞬時にわかる!

はじめに

株を学びたい皆さま！　こんにちは！　この本は、初心者向けの投資本です。

私はこのお仕事をはじめたときにチャートやファンダメンタルズなどについて広く勉強しました。知識を得て解説はできるようになりましたが、それはテストで良い点をとるようなもので……。

「じゃあどの銘柄が良いのか？」を選ぶとなると、なにからはじめたら良いのか？　なにを使えば良いのか？　わからない状態でした。

そこで手当たり次第に良いと思う材料を手がかりに調べてみました。

例えば注目されている銘柄を調べてみたり、ニュースや新聞を見て銘柄を調べたり、業績の良い銘柄を調べたり……。

いろいろ試してみましたが、「これは今の政策にフィットしているのに株価が下がってしまった」「注目されていて良いニュースが出ているのに株価が上がらない」「割安な銘柄だと思ったのに株価が動かない」など、**「良い銘柄」だと思ったのに良い結果が出ないことが多く、今考えるとかなり無駄な努力をしてしまった**ように思います。

そう、1つひとつの知識だけでは、実践で使えないんです！　その知識を組合せて使うことではじめて良い銘柄を見つけ出すことができます。

私は、先輩が使っている**分析ツールを教えてもらって実践してから、みるみるうちに銘柄選びが上手に、そして楽しくなりました！**

これはそんな私の失敗を活かした、「勝てる技を学ぶ」テキストです。

1時間目からさっそく、本題のチャートについてです。なんのためにチャートを見るのか、**チャートの基本**を学びましょう。

2時間目は私が考える「負けないための5カ条」をレクチャーします！

残念ながら、チャートの知識だけでマーケットで勝つことは非常に難しいんです。ですので、チャートの根本を理解してもらうために、この本ではチャートが成り立つ土台「ファンダメンタルズ分析」も学べるようになっています。また、ファンダメンタルズの分析ツールも6時間目でご紹介しますので、投資全体の中でのチャートの位置づけをより鮮明に理解できるかと思います。

3時間目は私、三井とフィスコのアナリストがよく使うチャートの技法を中心に、株価を予測する3つのテクニカル指標を詳しく解説します。プロが実際に使っているものを、お教えしちゃいますよ！ チャート分析を使いこなせるようになりましょう！

4時間目は、その組合せで最強の分析システムを知ってもらい、5時間目で実際の値動きからその威力を実感してもらいます。

6時間目では、チャート分析を可能にする有料・無料のサイトを紹介します。

この1冊があれば株式初心者のあなたも大丈夫！　最初から最後までひと通りの知識を網羅できますよ。

ではさっそくモリモリ勉強していきましょう！

こんにちは！
皆さん株を買うタイミングはどうやって決めていますか？
フィスコ三井智映子と申します
悩み1
そろそろ上がるだろう！
え！まだ下がるの！？
悩み2
・・・。
有名企業だからいっか！
う〜ん 全然動かない……
悩み3
そろそろ売っちゃおう！
あーあ、もう少し持っておけばよかった！！
悩み4
直感！なんかで買ってしまうことも……
お願い
ポチ
そんな方におすすめなのがチャート☆
上司の中村孝也と申します
あっ 中村師匠

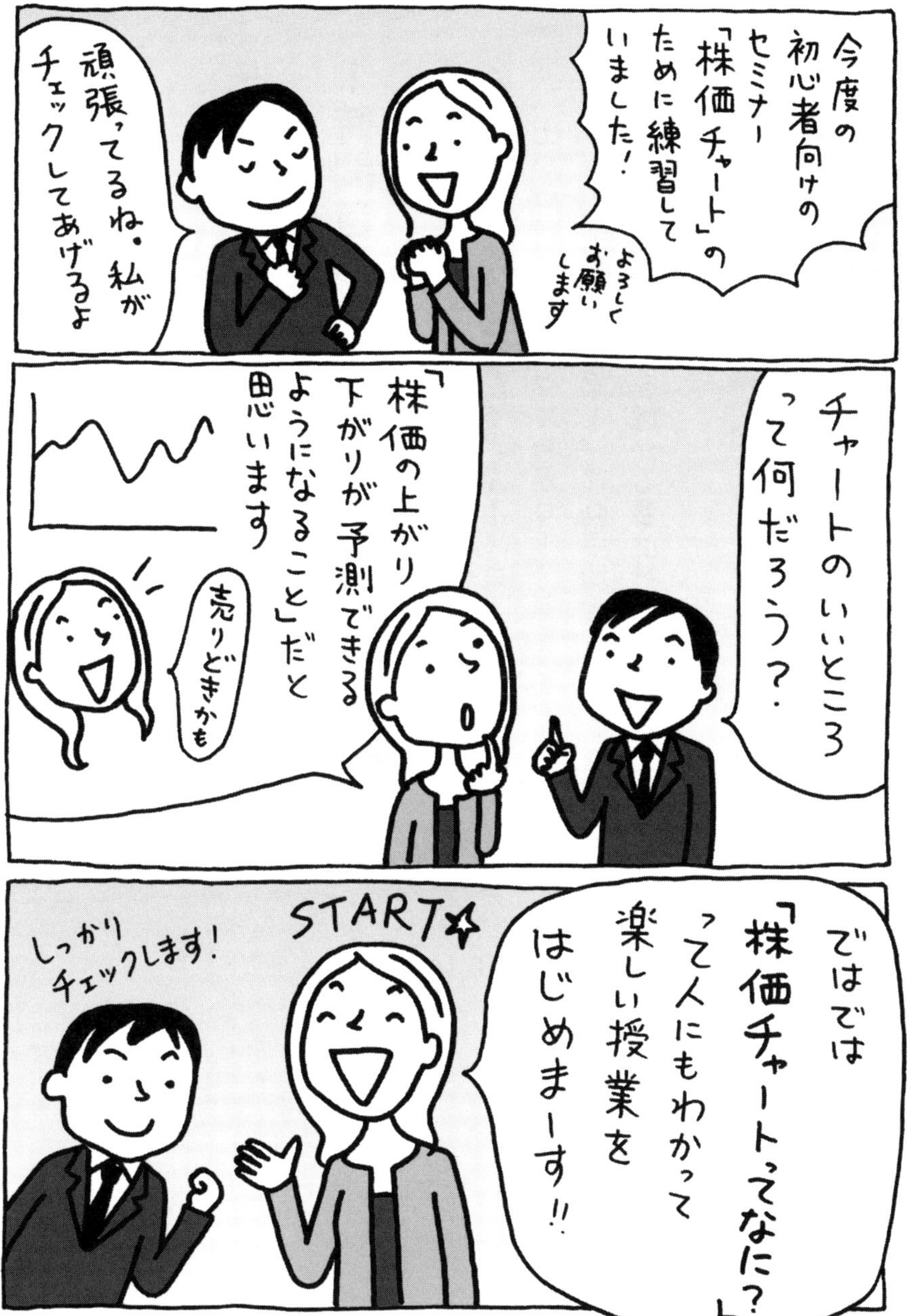
今度の初心者向けのセミナー「株価チャート」のために練習していました！
よろしくお願いします
頑張ってるね。私がチェックしてあげるよ
チャートのいいところって何だろう？
「株価の上がり下がりが予測できるようになること」だと思います
売りどきかも
ではでは「株価チャートってなに？」って人にもわかって楽しい授業をはじめまーす!!
START
しっかりチェックします！

目次

はじめに　3

1時間目　チャートってなに？

1　チャートってなんのために見るの？……14
2　1本で情報が盛りだくさん！　ローソク足……18
3　上がるか下がるかマルわかり！　トレンドライン……25
4　分析の基本中の基本！　移動平均線……30
5　相場の盛り上がりをはかる温度計！　オシレーター……42
6　出来高ってなに？……50
コラム◯投資家が翻弄されるバブル相場とは？①

2時間目　負けないための5カ条

1　チャートの根っこって知ってる？　ファンダメンタルズ……64
2　どこに上場している株か知っておく……68
3　チャート分析の勝率は何％？……70
4　相場の格言を知っておこう……74
5　目標金額を決めておく……76
コラム◯投資家が翻弄されるバブル相場とは？②

3時間目　もっと知りたい！　買い・売りサイン

1　移動平均線をさらに賢く使ってみる……82
2　投資の世界にも偏差値ーボリンジャーバンド……88
3　重ならないローソク足には、注目！……92
コラム◯投資家が翻弄されるバブル相場とは？③

4時間目　専門家が教える チャートの組合せ

1　基本の組合せは？……98
2　見ていく順番は？……100
3　どうしてボリンジャーバンド＋ＭＡＣＤ＋出来高の３つなの？……102
コラム◯投資家が翻弄されるバブル相場とは？④

5時間目　買い OR 売り？　予測してみよう

1　日経平均を分析してみよう……106
2　ドル・円の分析をしてみよう……112
3　トヨタを分析してみよう……118
4　ソフトバンクを分析してみよう……126
5　楽天を分析してみよう……132
コラム◯投資家が翻弄されるバブル相場とは？⑤

6時間目　優良株を探し出そう

1　スクリーニングって？……140
2　プロの分析ツールの使い方　テクニカル……146
3　プロの分析ツールの使い方　ファンダメンタルズ……151
4　オススメ！ネット証券サイト紹介……154
コラム◯投資家が翻弄されるバブル相場とは？⑥

7時間目　知っていると役に立つ！　チャート用語

1　あ行……160
2　か行……164
3　さ行……166
4　た行……168
5　な行〜は行……169
6　ま行……171
7　や行〜ら行……172

おわりに　174

本書は、株価チャートによる分析の一例を紹介したもので、
勝率100％をお約束するものではございません。
弊社は責任を負いかねますので、自己判断での投資をお願い致します。

イラスト　坂木浩子（ぽるか）
カバーデザイン　末吉喜美

1時間目
チャートってなに？

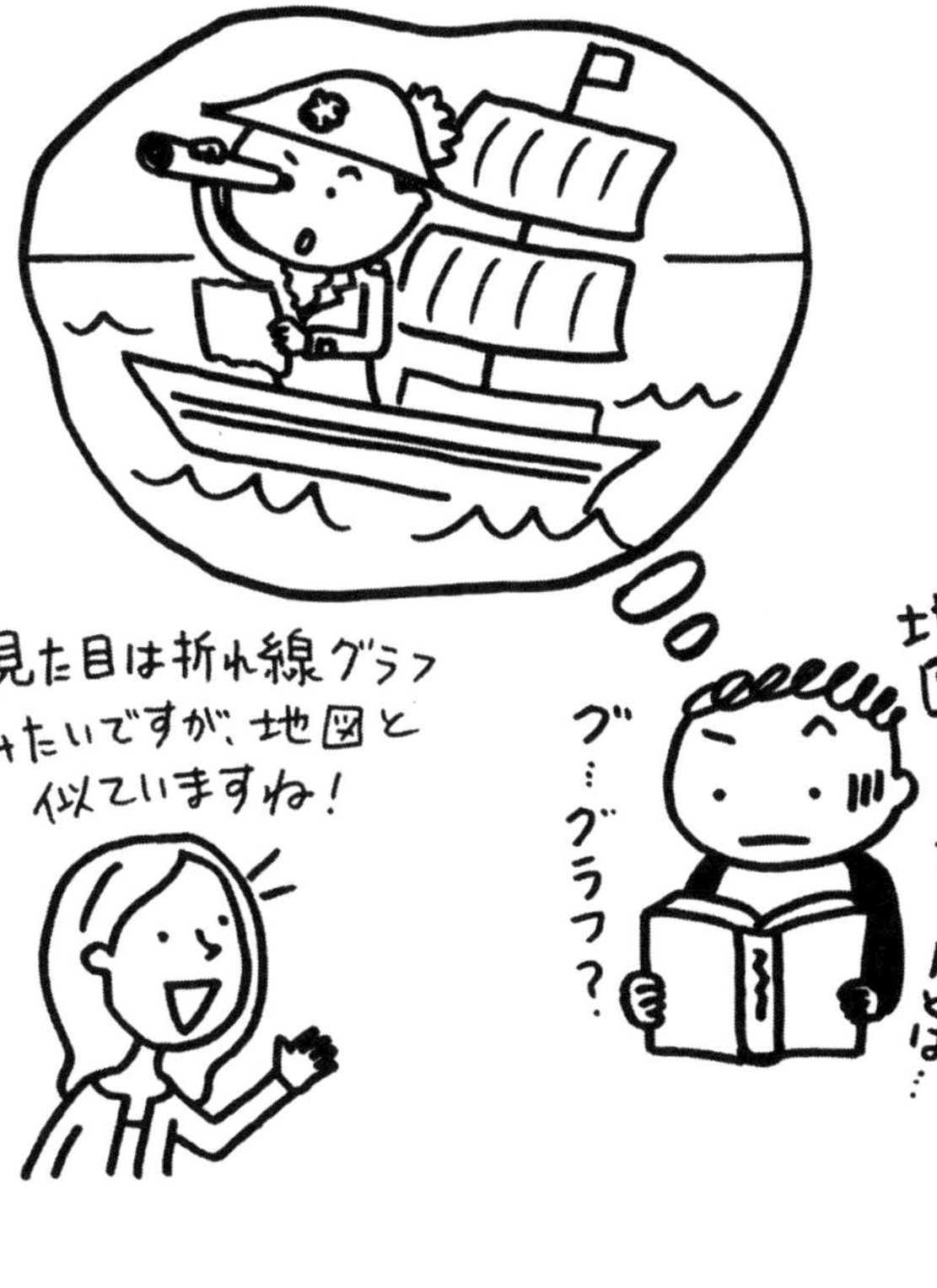
見た目は折れ線グラフみたいですが、地図と似ていますね！
地図？ チャートとは…
グ…グラフ？

チャートってなに？

1 チャートってなんのために見るの？

では1時間目はチャートについて説明していきますね。

ずばり言うと、**チャートは、株の過去の価格の動きを分析して、将来の値動きを予測するために見る**んです。

チャートはパッと見、折れ線グラフのように見えますよね？ これは簡単に言うと、「ほしい！ 買いたい！」と思う買い手の需要と、「売りたい！」と思う売り手の供給が折り合った価格の動きが見られるものです。

つまり、どこで需給バランスがとれたのか、過去の流れがわかっちゃうんです。

過去をあらわしたグラフから、この先を予想するために投資家は

チャートは、これからの動きを決めるための地図みたいなものだと思います！

チャートを見ています。

例えば、株価や出来高などがエクセルの一覧表で並んでいても、なかなかイメージしにくいですよね？

ですが、チャートでグラフ化することで、この銘柄が**1カ月前と比べて上昇しているのか、下落しているのか**などが一目でわかりやすくなるのです。

では、チャートをどのように見るのかというと、例えば、上昇しているグラフがあって、その数値が「どこまで上がるのかな？」と予想するとき、過去の動向が重要になります。

過去のグラフから、「今までどのくらいまで株価が高くなっていたのか？」つまり、半年前の高値水準とか、○○年の高値とかをチェックします。

過去の流れ（年初来高値、年初来安値など）を把握することで、今後の上値メド、下値メドを想像するわけです。

反対に下落しているときも、過去の安値等を見

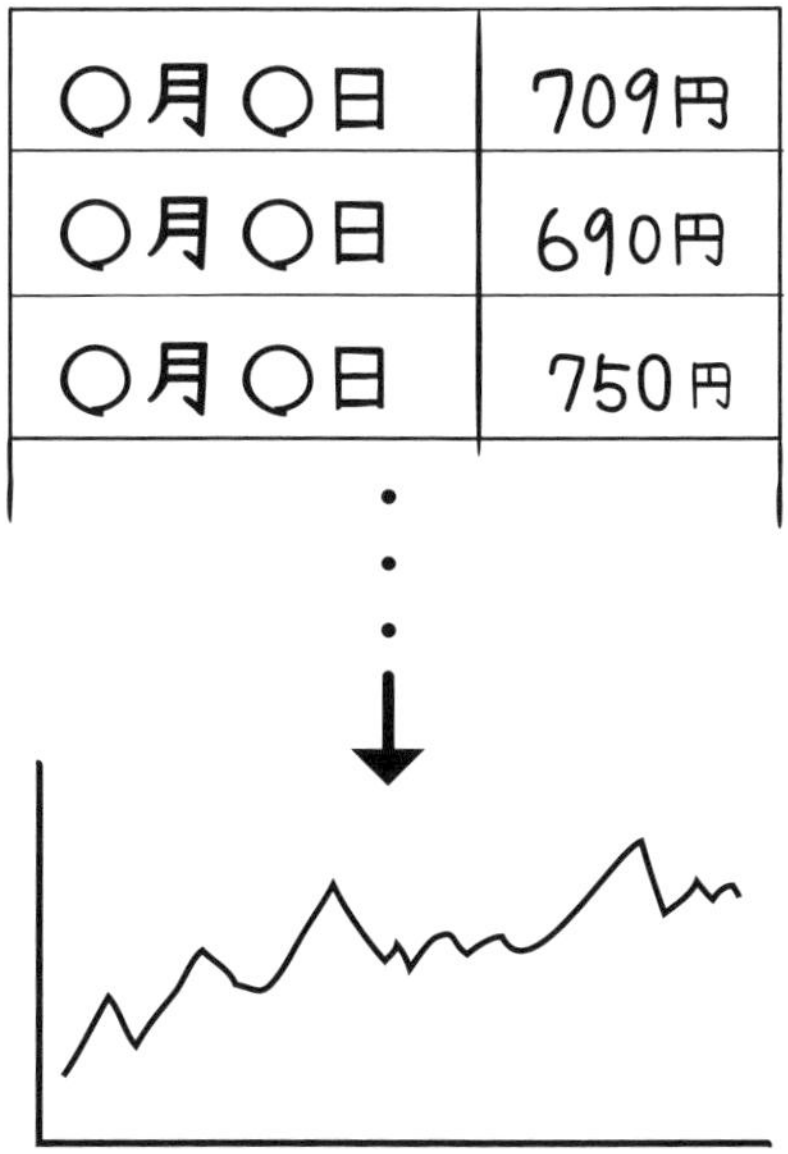
○月○日 709円
○月○日 690円
○月○日 750円

見づらい……！
わかりやすい！

て、「この辺りまでで止まりそう」といった予測もします。

ある一定の値幅で長期的に上下をくり返している銘柄も少なくなりません。

そういった銘柄等は、過去の安値水準での買い、高値水準での売りといったスタンスになるでしょう。

このように**過去のチャートで今後の値動きを予測して、取引のタイミングを決めていくのがテクニカル分析**なのです。
投資ですので確実に当てることはできませんが、自分の頭の中にその銘柄の株価動向をイメージすることは十分可能です。チャートは売り手と買い手が描いてきた道のりをあらわしているようなものなので、これからその道がどう続いていくのか、過去の道のりを参考にそれぞれが考えていく、といった感じです。

チャートの使い方は十人十色です。

さまざまな種類のチャートが存在していますので、上級者は複数の種類のチャートを組合せることで、勝てる確率を上げているようですよ！

1つひとつのチャートはこの本を読めばスムーズに理解できるはず。この本でいろいろ勉強して自分に合ったチャートを、またその使い方を見つけることをおススメしまーす！

チェックポイント

・チャートは、株価の動きを一目見てわかるようにしたグラフ。
・チャートは、株価の上昇と下降を予想するために見る。
・チャートを見て、株価が上がるのかくらいに留めてもいいかも。

2 1本で情報が盛りだくさん！ ローソク足

まず、1つ目の構成要素であるローソク足から説明していきますね。これを一目見るだけで、**時間の流れで株価がどう変わったかがすぐわかる**んですよ。

ローソク足は、株価の値動きを、時系列にそって図表としてあらわしたもの。

ローソク足は、江戸時代の日本で考案されたようです。純国産のテクニカル分析なんて、なんか誇らしいですよね！

ではローソク足の詳しい見方を見ていきましょう！

まず、この**1本で4つのことがわかっちゃう**んです。

始値（はじめね）……相場がはじまったときの価格
高値（たかね）……期間中の高値
安値（やすね）……期間中の安値
終値（おわりね）……相場が終わったときの価格

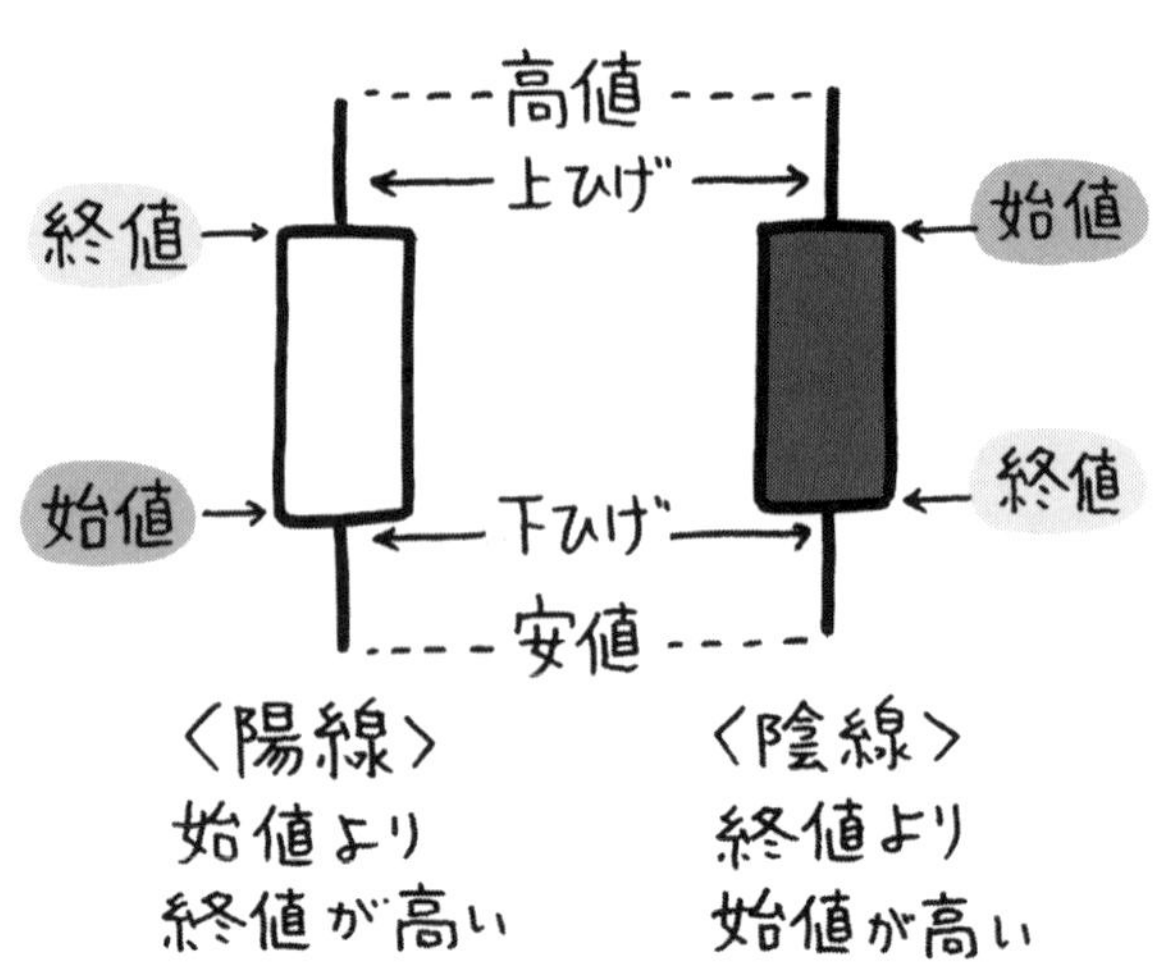
高値
上ひげ
終値
始値
始値
終値
下ひげ
安値
〈陽線〉
始値より
終値が高い
〈陰線〉
終値より
始値が高い

例えば、１００円ではじまり、１５０円↓１４０円↓２００円↓80円↓１６０円という流れで動いた株があったとします。

その場合、始値は１００円で、高値は２００円、安値は80円、終値は１６０円です。

そして、はじまった価格よりも高い価格で終わっているので、白い陽線になります。陽線については、あとで詳しく説明しますね。

株取引が行われている間は、当日のローソク足は１分１秒で変動します。

ローソク足は、１日、１週間、１カ月、１年間という期間に分けて見ることができ、期間によって呼び名が変わるんです。

期間が１日なら日足《ひあし》、１週間なら週足《しゅうあし》、１カ月なら月足《つきあし》になります。もっと細かく時間単位で見ると、１時間の時間足《じかんあし》、分単位ならば分足《ふんあし》と呼ばれています。

どれを使えば良いの？　と悩まれた方は、まずは日足や週足で流れをつかむことをおすすめします。

私も、日足と週足を見ることが多いです。時間足や分足を見るのはデイトレーダーとかのイメージですね。

【ローソク足１本につまっている秘密】

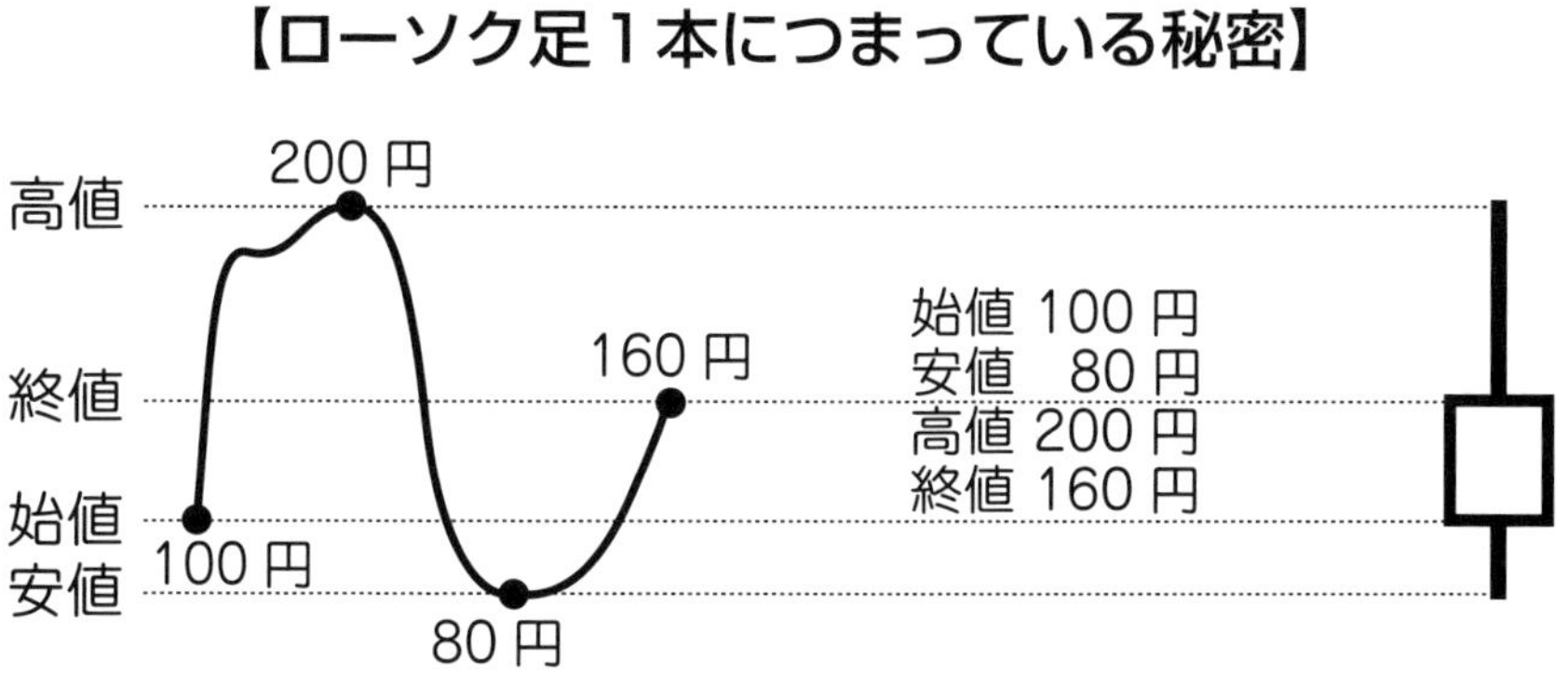

Ｆ Ｘなど短期投資の場合は、細やかな動きを読みとるために、日足や分足を見たほうが良いと思います！　反対に、数年間も保有する長期投資を考えている人は、分足とか日足ではなく、週足や月足を見たほうが大きな流れがつかめます。
ただ、最初のうちは、ＦＸよりも株取引で日足や週足を見ることに慣れていきましょう。

◆昨日より安くなった？（陽線と陰線）

ローソク足は、陽線と陰線の２種類があります。言葉だけ聞くと、**陽線はポジティブで、陰線ってちょっとネガティブなイメージ**だなと感じませんか？

じつは面白い着眼点かもしれません。始値より高く終わると陽線、安く終わると陰線と呼ばれるからです。覚えやすいですね。

さらに一目見てわかるように、陽線は色がなく、陰線は色がついているものが多いです（陽線が赤で、陰線が青の場合もあります）。

つまり、ローソク足が陽線だった場合、**高くても買いたいという人が多く、人気がある**ことが一目瞭然です。

これを買いの勢いが強い（売りの勢いが弱い）と言います。

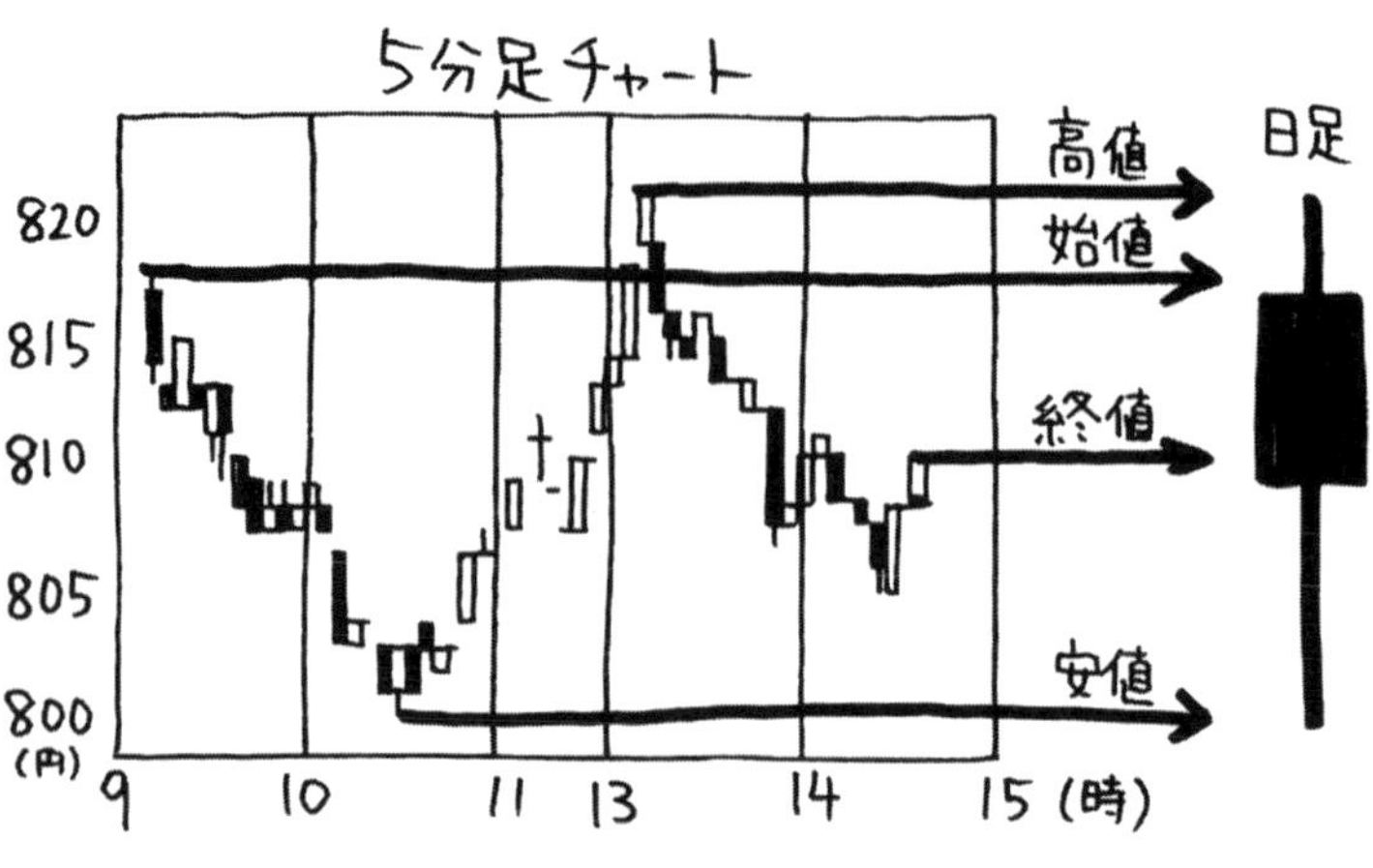

反対に、はじまった価格よりも下がって終わったら、陰線です。**多少損をしても売りたいという人が多く、人気がない**状況です。これを買いの勢いが弱い（売りの勢いが強い）と言います。

ちなみに、四角い部分（実体部）の長さを見れば、どれくらい値段が動いたかがわかります。長いほど値動きがあった、つまり勢いがあったと言えます。

◆株価の限界がわかる！　ヒゲ

続いて、上下に出ている線についても気になりますよね。この線はヒゲと呼びます。**期間中の最高値と最安値を示してくれるのがヒゲ**なのです。このヒゲによって、高値や安値での売りたい人と買いたい人の強弱がわかります。

例えば、上ヒゲが長いときは、一度は株価が200円まで上昇したけど、売りたい人が多くなってきて、結局最後は160円で落ち着いた……といった状況ですね。上ヒゲが長いだけでそんなことがわかるのです。

価格の上昇が長く続いたあとに、上ヒゲの長いローソク足が出現

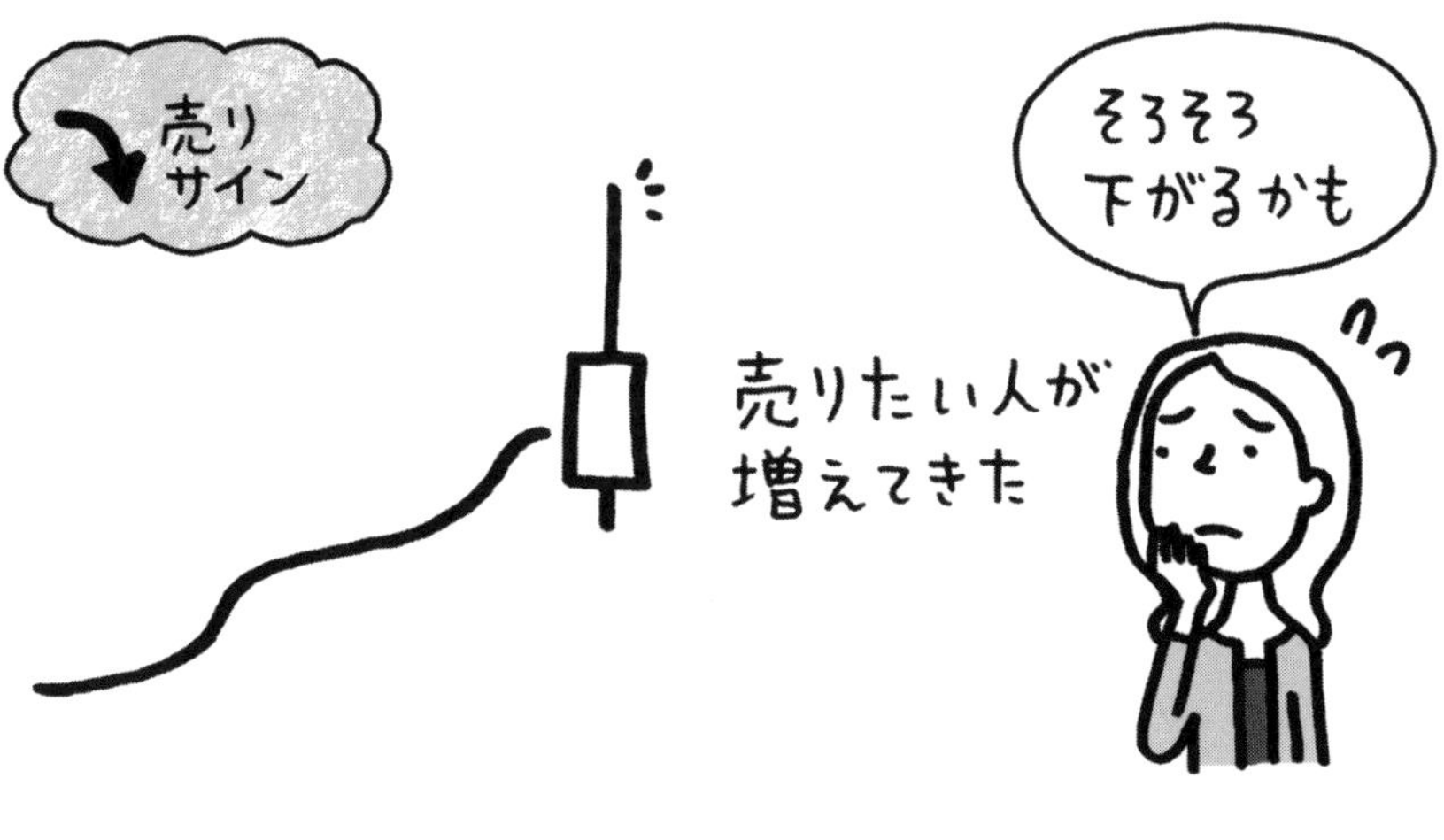
売り
サイン
売りたい人が
増えてきた
そろそろ
下がるかも

した場合、そろそろ上昇の限界（天井圏）に近い価格である可能性が予想されます。

買いたい人が多くて価格が上昇している状態の中で、上ヒゲが長いローソク足が出現したということは、そろそろ売りたい人が増えてきたってことがわかるわけですね。

同じように、下ヒゲが長ければ、一時は大きく下がったのに、買いたい人が増えたために、押し戻されて終わったことがわかります。**価格がずっと下がり続けたあとに長い下ヒゲが出現した場合、そろそろ安くなる限界（底値圏）に近い可能性**が考えられます。

このように、ローソク足だけでいろんなことがわかるんです。日本人投資家が好んで使うテクニカル指標ということも納得ですよね！

◆いろんなかたちのローソク足

ローソク足のチャートを見ていると、四角い部分がない線だけのものに出会ったりします。

これは、**十字線（寄りつき同時線）**というものです。これは上なのか下なのかさっぱりわかりませんね。つまり「気迷い」を意味するローソク足なのです。例えば、下がり続けているときに、十字線があら

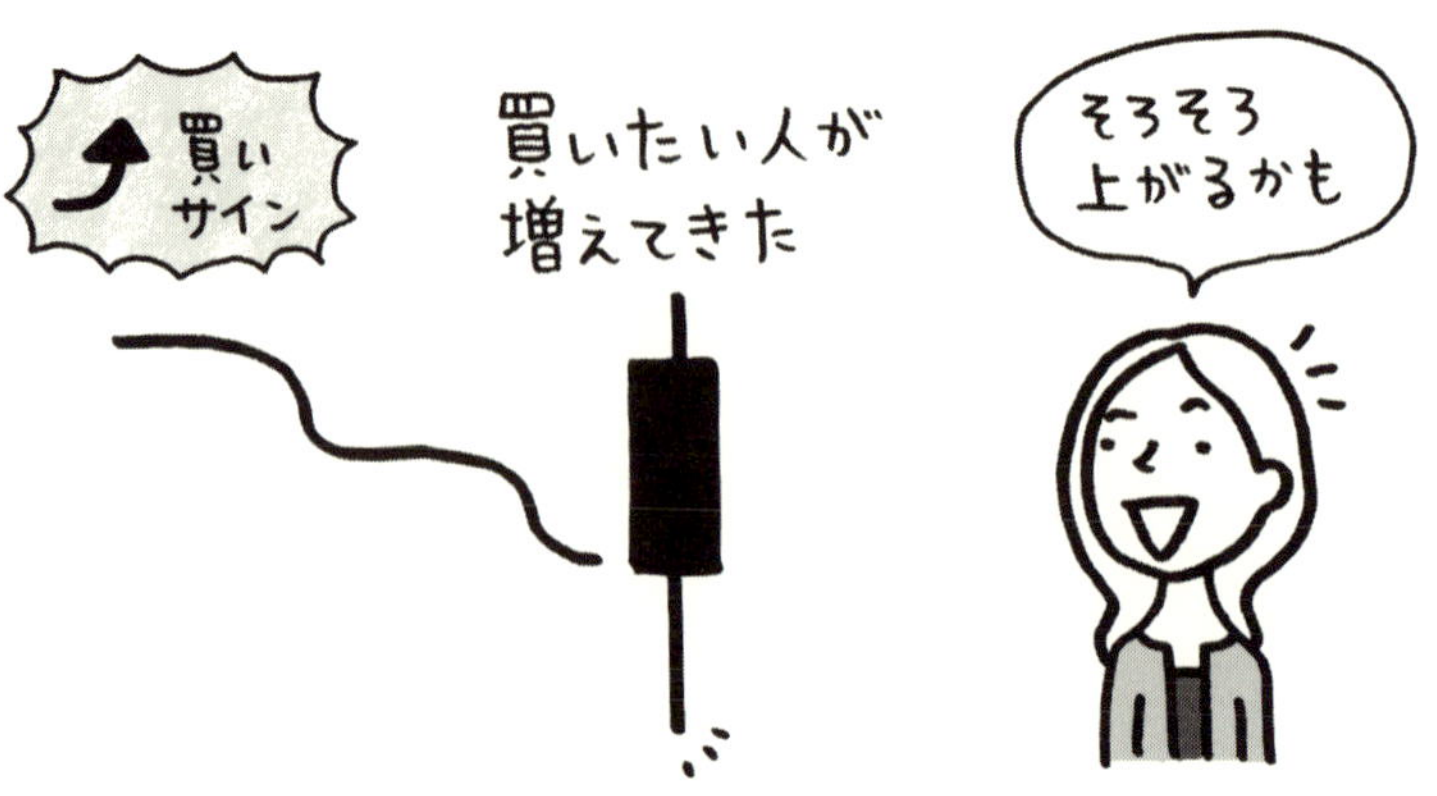

買い
サイン
買いたい人が
増えてきた
そろそろ
上がるかも

われますと、そろそろ下げが落ち着きそうだと考えられます。とくに、次の2つの十字線は、特徴がはっきりしています。

ローマ字のTのような十字線は、始値と終値が同じで、一気に売られたあとにまた買いが戻るといった、まるでジェットコースター。下落中に出現すると、下げが落ち着いたということ。別名はトンボで、土をならすときに使用するものに由来しているようです。

Tを逆にしたような十字線は、さきほどの逆バージョンですね。始値と終値が同じですが、こちらは一気に買われたあとに売りが戻るというジェットコースター。上昇中に出現すると上げが落ち着いたということ。別名は塔婆《とうば》。お墓の後ろにある長い板のことです。

十字線
迷ってる状態……

トンボ
下げが落ち着くかも

トウバ
上げが落ち着くかも

また、四角い部分がとても大きなローソク足も見かけたら、注目してください。

大陽線は、大きく上昇した際、出現します。下落トレンドの中、大陽線があらわれた場合、底を打った（下がりきった）と見ることができます。

大陰線は、大陽線の逆で、大きく下落した際、出現します。上昇トレンドの中、大陰線があらわれた場合、天井を打った（上がりきった）と見ることができます。

チェックポイント

・まずは日足と週足で見てみよう。
・陽線は人気上昇中で、陰線は人気が下降気味かも。
・ヒゲを見ると、株価の上昇&下降の限界が予想できる。

3 上がるか下がるかマルわかり！ トレンドライン

株価が上がっていくのかどうかを見るのに、トレンドラインという線を引くと一目でわかります。

トレンドっていうと、流行とかファッションを連想しちゃいますが、傾向とか、流れっていう意味では同じです。**トレンドラインは相場の流れを判断するための補助線**なのです。

では、相場の高値と高値、安値と安値を結んで線を引いてみてください。1番目と2番目に高い（または低い）価格を結んでくださいね。

そうすると、高値の推移と安値の推移をあらわす2つの線が書けたと思います。

買いたい人と売りたい人とどちらが増えているのかわかります。つまり、人気が上がってきているのか、人気が下がってきているのかわかるんです！

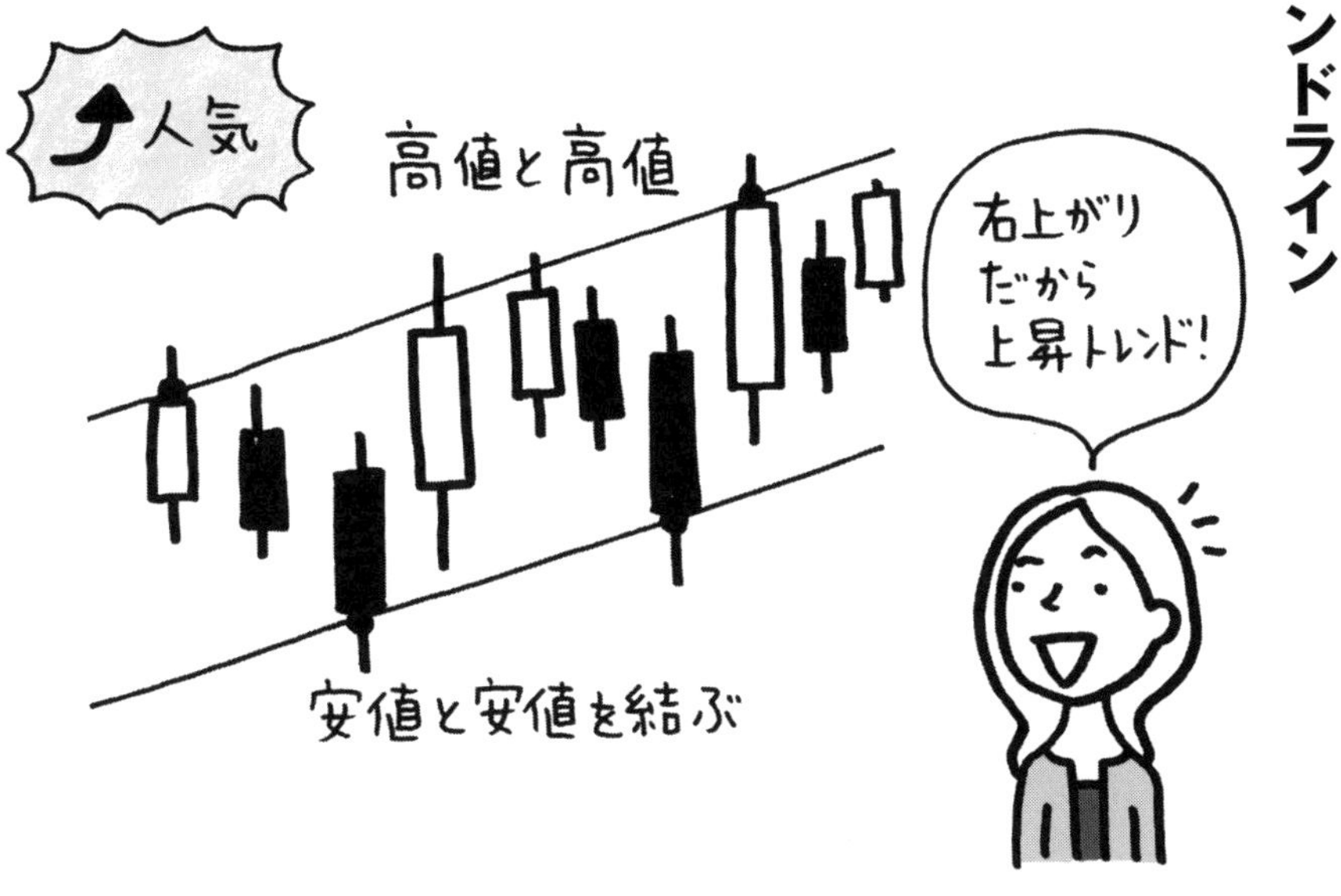
人気
高値と高値
安値と安値を結ぶ
右上がり
だから
上昇トレンド！

◆右上がりなら、人気アリ！

例えば、高値と高値、安値と安値を結んだ線が、上向きならば上昇トレンドです。

つまり、２つの線がどちらも上向きであれば、高値も安値も上がっていっているわけなので、**買いたい人が多い**ということがわかるのです。問題がなければ、今後も株価は上がっていく可能性が高く、人気商品になります。

◆右下がりなら、人気ナシ！

では高値と高値、安値と安値を結んだ線が、下向きならばどうなると思いますか？

下向きならば、**下落トレンドと呼び、この流れは売る人が多い**ことを意味します。なにもなければ、今後も株価は下がっていく可能性が高く、不人気商品になります。

それでは高値と高値、安値と安値を結んだ線が、横ばい推移となっている状態だとどうだと思いますか？

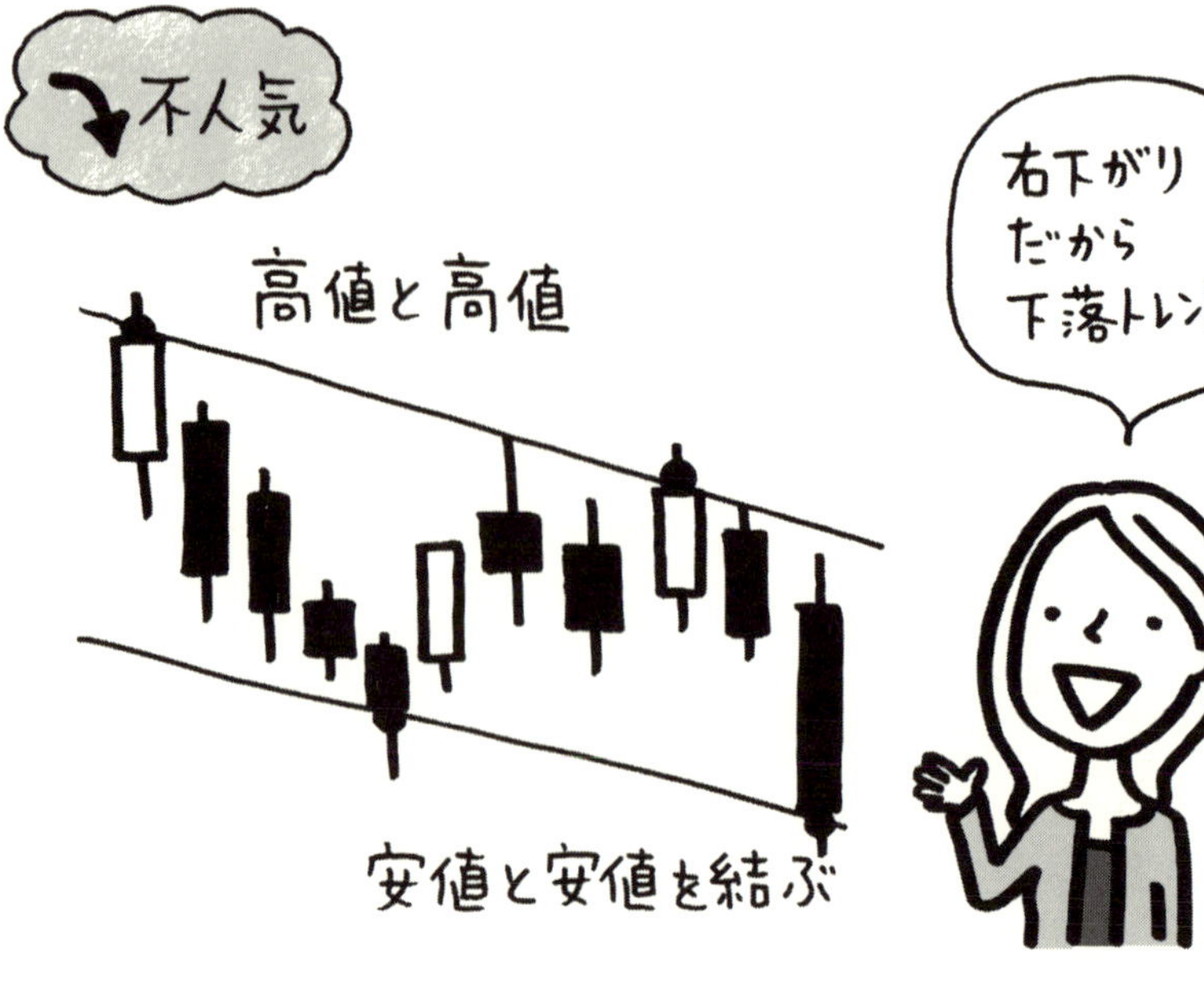

◆横ばいなら、待て！

あまり動いてないと、トレンドが読みにくいのではないでしょうか。

横ばいの状況は、トレンドレスなんです。つまり方向性に乏しい状況と判断できます。もち合い相場とも言います。今後どうなるかわからないので、まだ買ったり売ったりはしないほうが賢明です。

あえて売買するなら、トレンドの下近くで購入し、上近くで売却するパターンですね。値幅は小さいかもしれませんが、売り買いをくり返すことで利益を狙うことはできそうです。このように、トレンドラインを見ると相場のトレンドが判断しやすいのです。

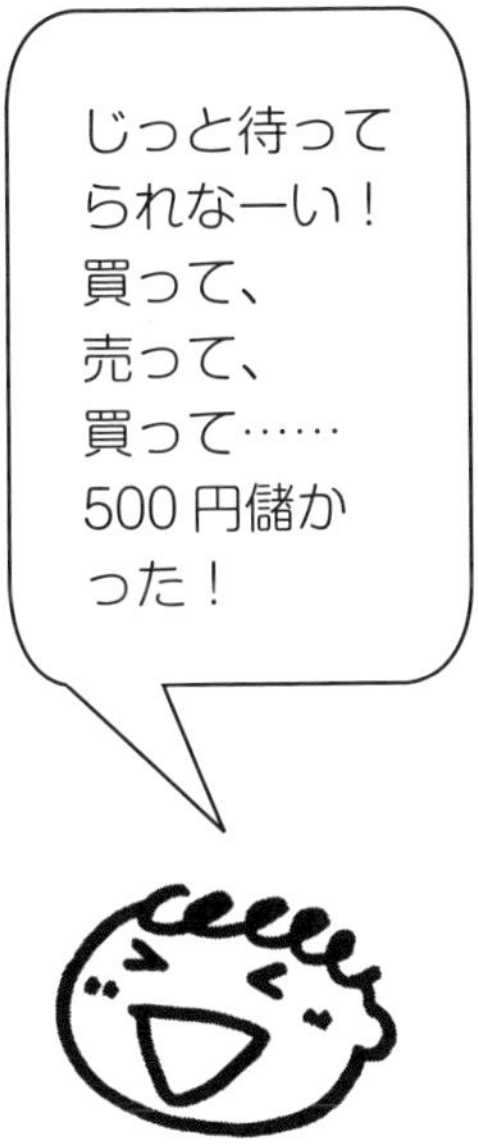
じっと待ってられなーい！
買って、
売って、
買って……
500円儲かった！

【横ばい】

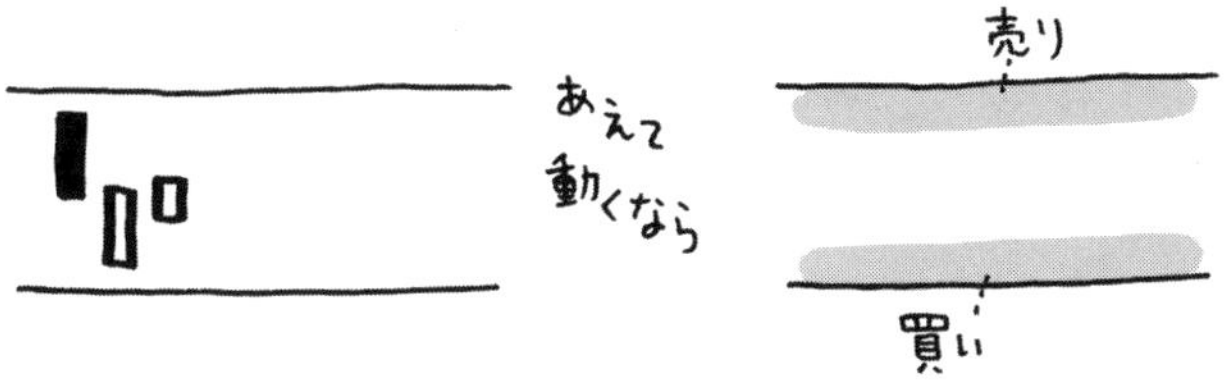
売り
あえて動くなら
買い

行ったり来たりでまだ待った方がいい

◆いつが買いで売りなの？

では、重要なトレンドラインの使い方です！

基本的に、どのトレンドも、上のライン付近では売り、下のライン付近では買いです。

つまり、高値近辺だと売り、逆に安値近辺だと買いということですよ。

しかし、下のトレンドラインを越えると、投資家は「これまでの上昇トレンドが崩れるかもしれない」などとネガティブになって売りが増えます。

なので、**上昇トレンドでも、ローソク足が下のラインを下に抜けた場合は、売り**のサインです。

反対に、上のトレンドラインを突破すると、投資家は「これまでの下落トレンドが終わるかもしれない」とポジティブになって買いが増えます。

なので、**下落トレンドでも、ローソク足が上のラインを上に抜けた場合は、買い**のサインです。

下落トレンドでラインを上に抜けるということは、下がっていたけど買いたい人が多くなってきている証拠で

【上昇トレンド】

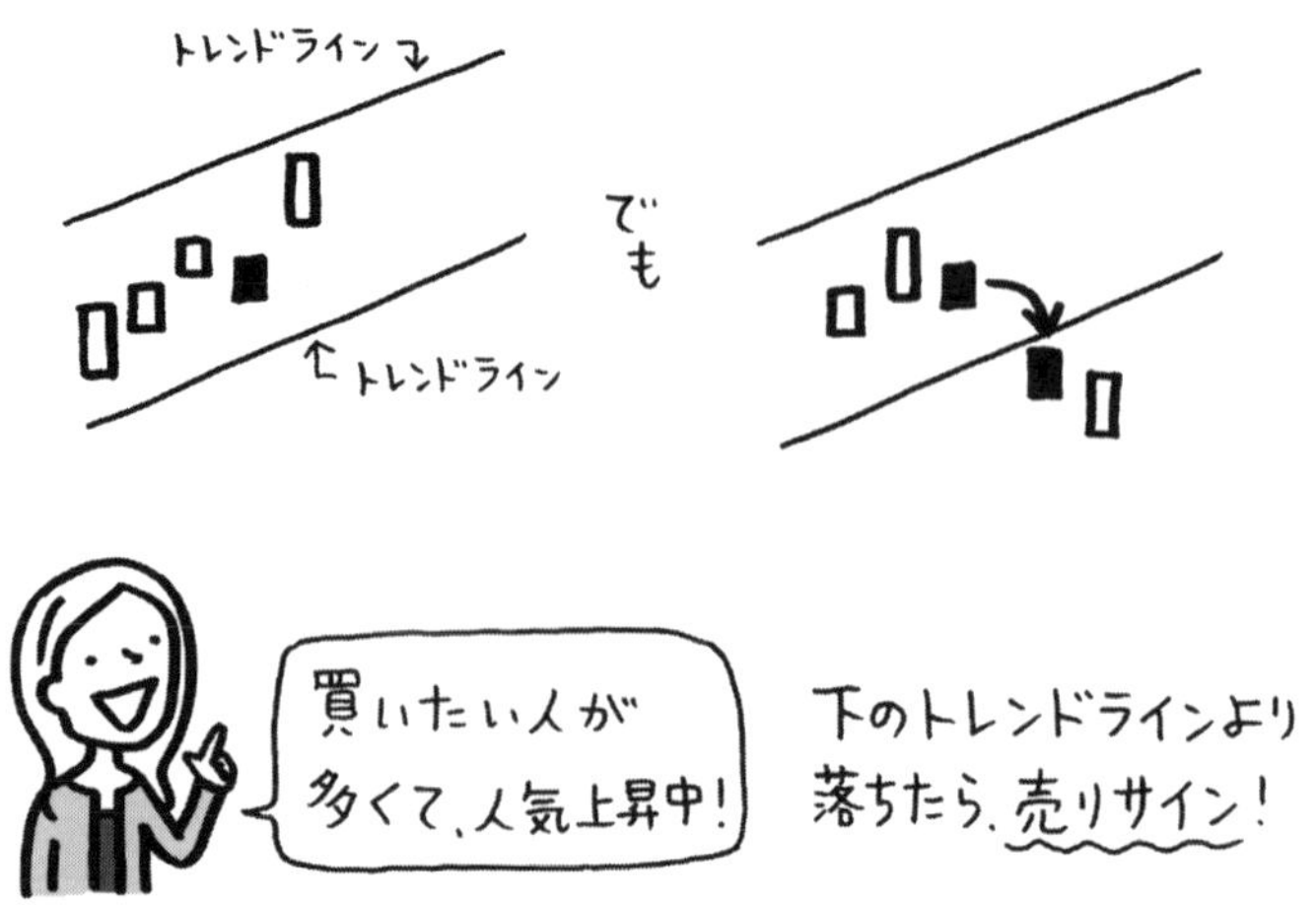
トレンドライン
トレンドライン
でも
買いたい人が
多くて、人気上昇中！
下のトレンドラインより
落ちたら、売りサイン！

すから、買いのサインってことですね。

ちなみに、高値と高値を結んだ線を上値抵抗線《うわねていこうせん》（レジスタンスライン）と言い、安値と安値を結んだ線は下値支持線《したねしじせん》（サポートライン）と言います。

相場の用語は難しいと感じる人も多いかもしれませんが、ちゃんと紐解けばそんなに難しくないんですよ。

毎回、高値と高値を結んだ線が……、というより上値抵抗線と言ったほうが早いし、意味がわかれば思ったより難しくないなーって私は感じています。

チェックポイント

・トレンドラインを引くと、上昇傾向か下降傾向かわかる。
・基本的には、上のライン付近では売りで、下のライン付近では買い。

【下落トレンド】

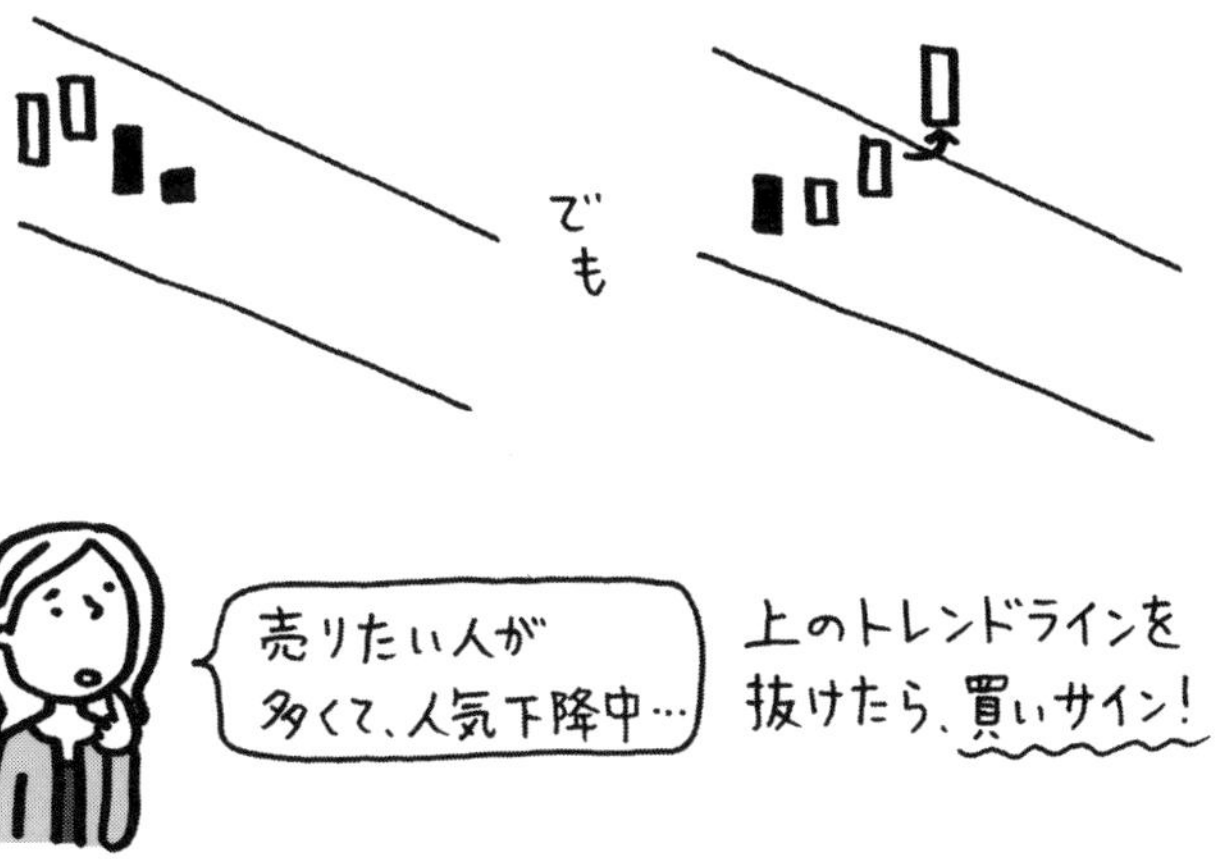
でも
売りたい人が
多くて、人気下降中…
上のトレンドラインを
抜けたら、買いサイン！

4 分析の基本中の基本！ 移動平均線

では、最もポピュラーなテクニカル分析手法の1つ「**移動平均線**《いどうへいきんせん》」について説明していきます。

移動平均線によって、為替や株式など、さまざまな金融商品の動きを1つの流れとして捉えることができます。

移動平均線の特徴は、シンプルに表現しますと、一定期間の終値の平均価格を、日ごとに計算して、線でつないだものです。

例えば2月5日の移動平均値は、2月1日から2月5日を含めた5日間の終値の平均価格となります。2月6日の移動平均値は、1つずれて、2月2日からの計算になります。

そして、日々の平均価格を線でつないだものが5日移動平均線です。

そのほか、25日移動平均線もあります。これは、25日分の平均価格ということになります。

【移動平均線とは？】

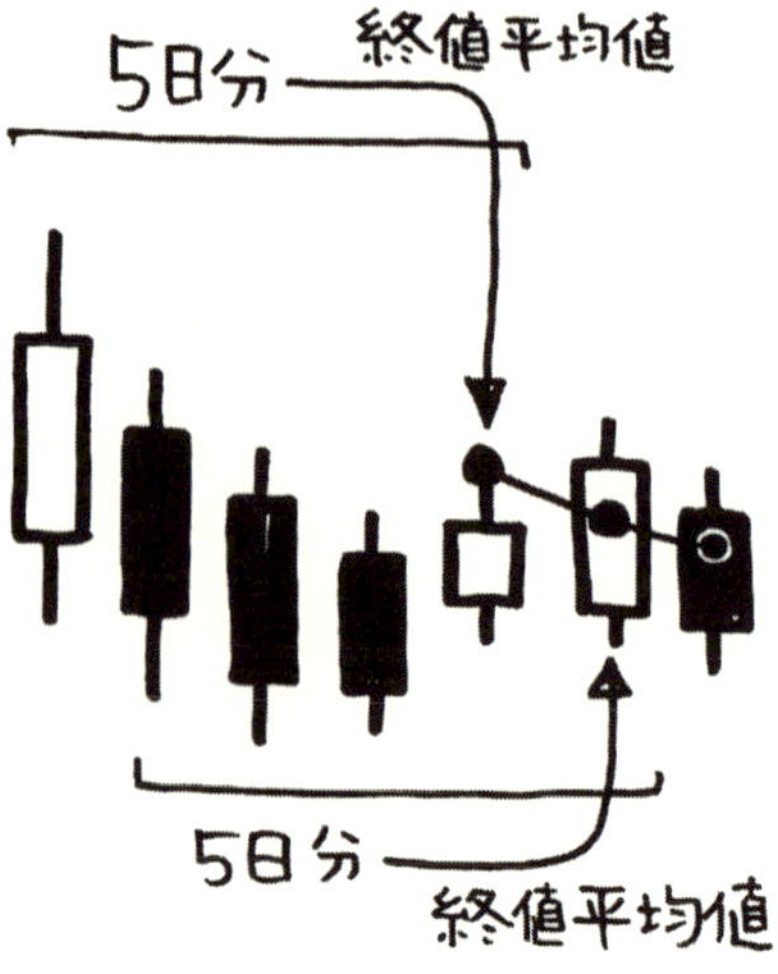

◆線より上か下かでトレンドがわかる

平均価格は、最終的に落ち着いた終値の価格を使用することで、日中の大きな変動に惑わされることなく、現在のトレンド（方向性）がどちらを向いているのかを判断することができます。

日中、大きく価格が変化すると、目先の変化に捉われてしまいがちですよね。移動平均線を理解すれば現在のトレンド、つまり**上昇しているのか、下落しているのかが判断しやすくなる**ってことです。

例えば、現在の価格が5日移動平均線より上で推移していると仮定しましょう。

この状態は過去5日間で買っているほとんどの投資家には利益が出ていますよね？ 移動平均線より上で推移しているのだから、上昇トレンドといえるので、利益が出ていると考えます。

それに対して、現在の価格が5日移動平均線より下で推移しているとどうでしょう？ その場合、過去5日間で買っているほとんどの投資家は、損失を出していると考えられます。

ほらね、使いやすいでしょう？

◆マーケットの5日は、1週間分

今は5日線の話でしたが、5日というのは1週間分と考えて良いですよね。通常、1週間のうちマーケットが開いているのが月曜から金曜の5営業日ですからね。

1週間が5営業日なら1カ月は約20日です。しかし一般的には25日移動平均線がよく使われます。

これは、かつて金融商品の売買が土曜日も行われていたことの名残で、1週間が6営業日あったから1カ月だと25日線だったんです。

だから日足チャートでは5日、25日、75日、200日移動平均線が今でも多く使われています。

週足チャートでは13週、26週、52週、月足チャートでは12カ月、24カ月がメジャーな移動平均線です。

今回はメジャーな5日と25日の移動平均線を使ってお話ししていきますね。

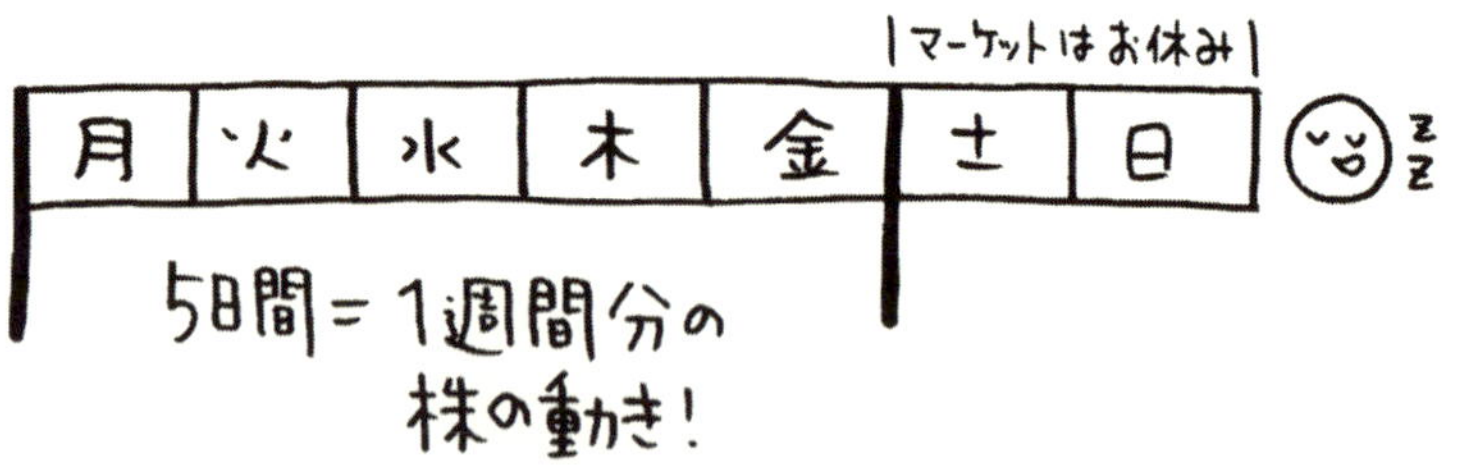

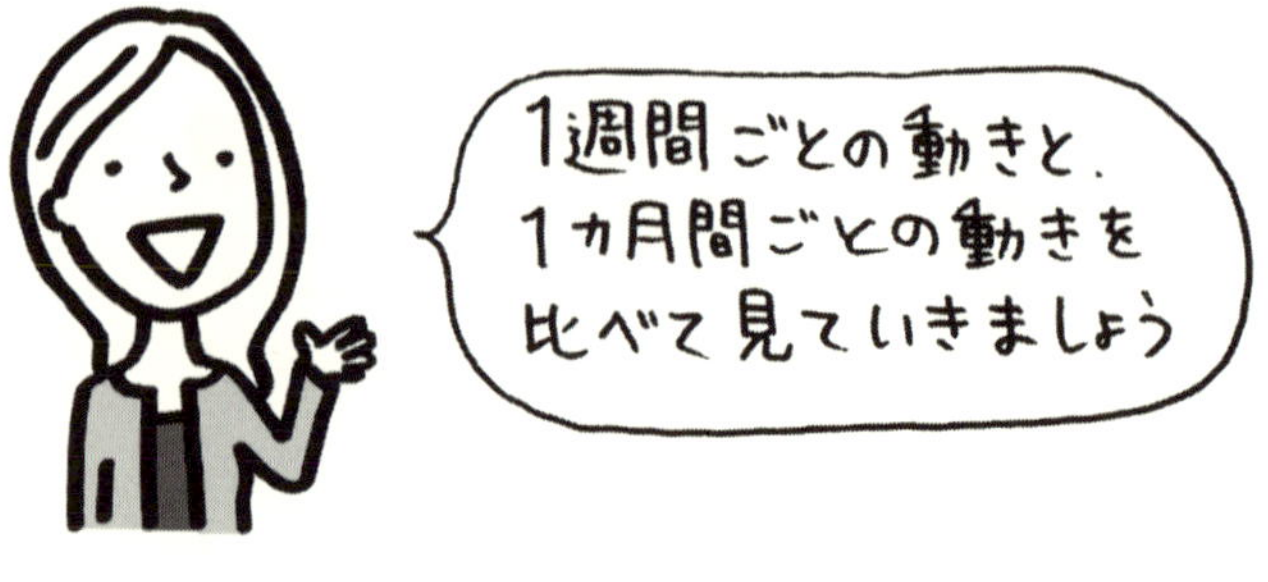

◆5日線と25日線で見比べよう

それでは、使い方を詳しく説明していきます。

いきなりですが、問題です！　あなたは1000円の株式を1株持っています。

そして、現在の価格は1000円で、5日移動平均線の水準を800円、25日移動平均線の水準を1200円とします。あなたが保有している1株は5日移動平均線の水準を上回っているものの、それよりも期間の長い25日移動平均線の水準は下回っています。

あなたなら、今持っている株をどのタイミングで売りますか？

今後の価格の動きは、最近買った人と1カ月前に買った人の行動を考えて予測してみよう。

【どこで売る？】

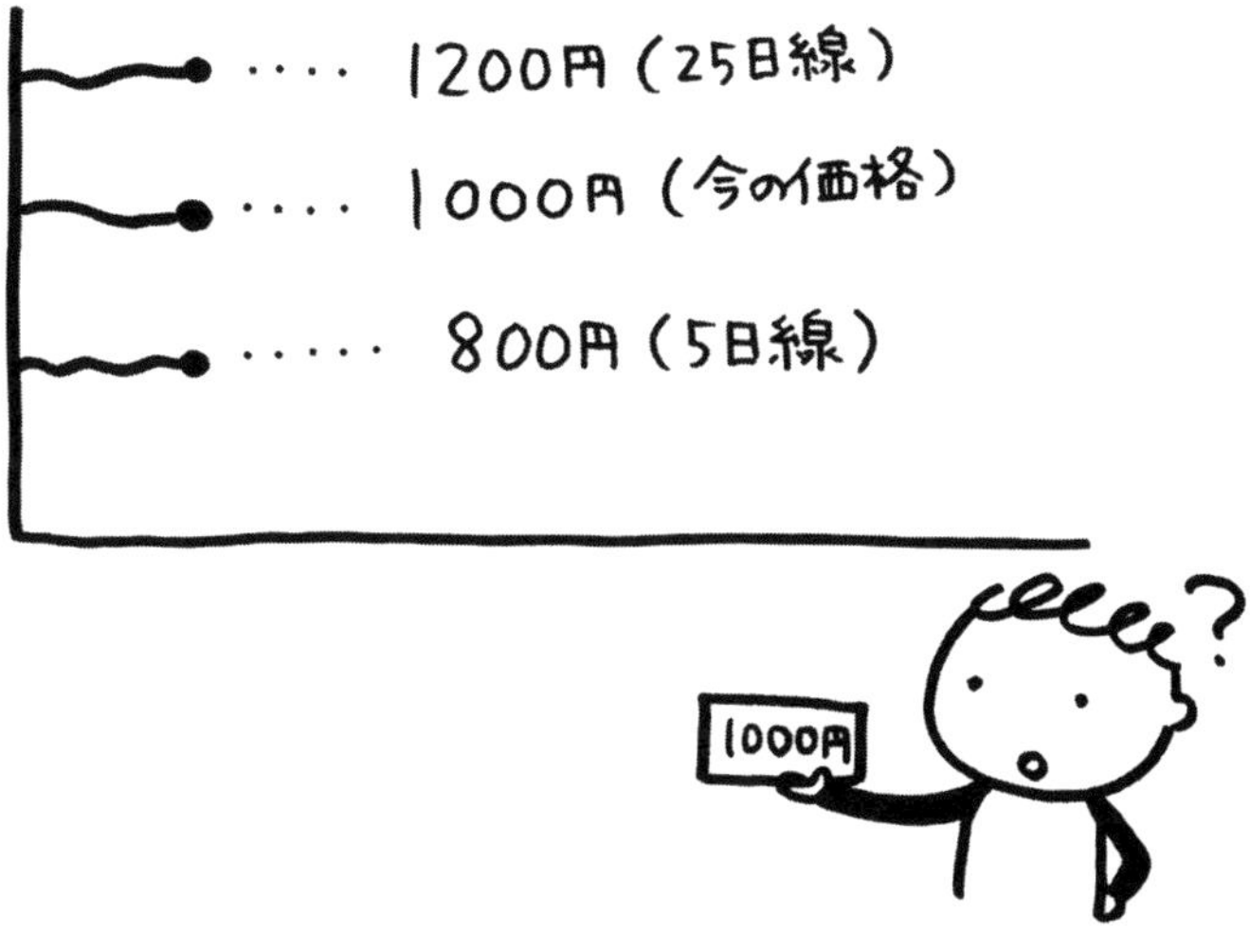
1200円（25日線）
1000円（今の価格）
800円（5日線）
1000円

◆どのタイミングで売る？

この状況は、最近株を買った投資家にはプラスとなっていますが、過去25日間で株を買った投資家にはマイナスが出ている、ということです。

ただ、あくまでも平均であることには注意が必要です！　過去25日間で株を買った投資家は、マイナスが出ていると不安なので、購入したときの値段になったら利益が出なくても、ホッとして手放してしまいたいと考えがちです。

そういう心理状態の投資家が増えると、１株は25日移動平均線の水準である１２００円より高い価格には向かいにくくなってしまうのです。こうした動きになった場合、とるべき行動はなんだと思いますか？

25日移動平均線水準の**１２００円になったら売ってしまう**、というのが正解です。

このように移動平均線は、投資家の心理状態が秘められていますので、しばしば重要な節目となります。

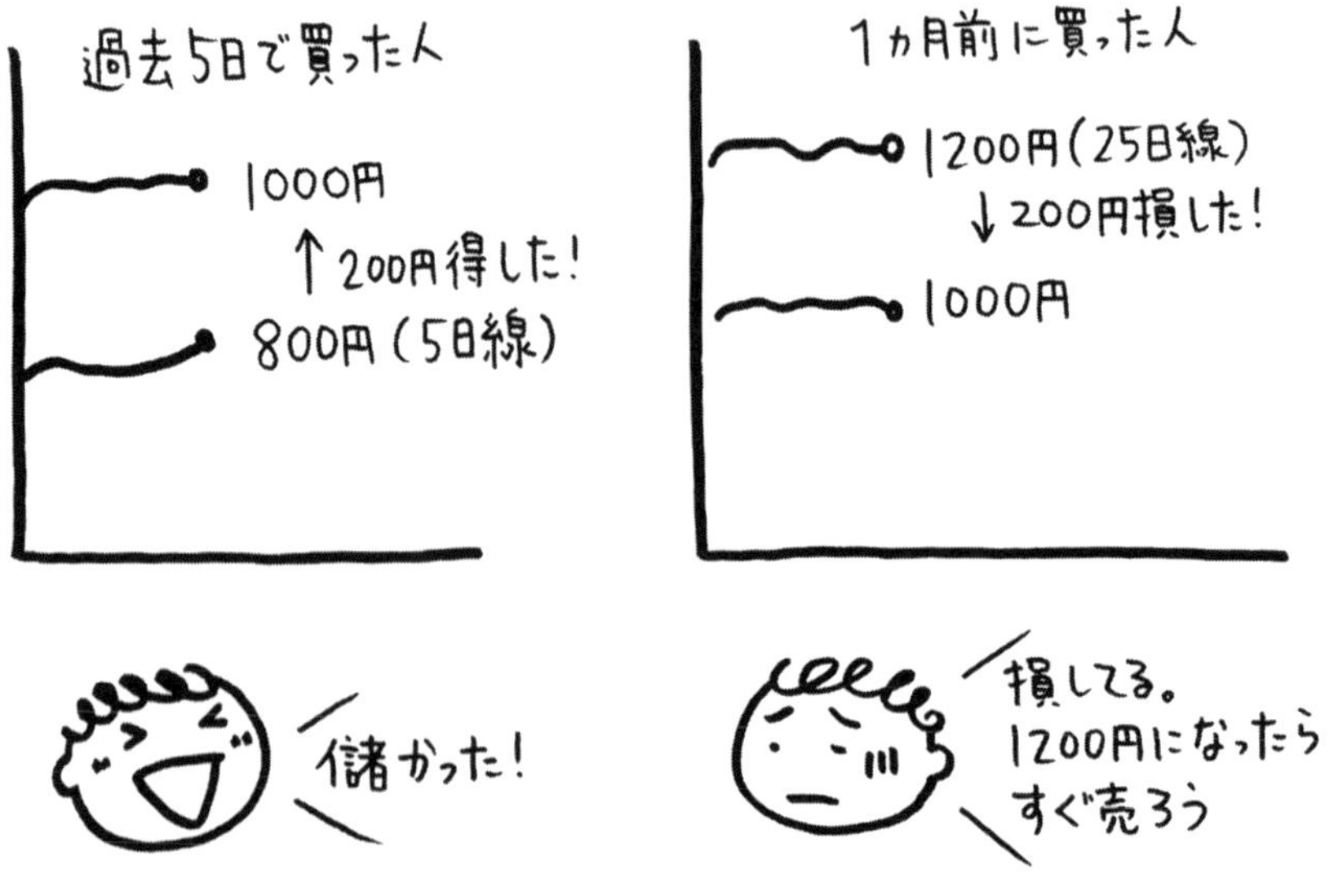

◆上昇中の株を買うときのタイミングは？

ほかの例も見てみましょう。

例えば、株価がずっと上昇している場合、投資家の心理状態としては「できれば安いところで買いたい」と考えている人がほとんどでしょう。

まだ上がりそうだなと考える人が多いので、少し下がったところで買う人が多くなりそうです。なるべく安いところで買いたいので、誰も好き好んで高いところでは買いません。

そのような心理状態の中、過去のチャートを5日移動平均線まで下げて見てみましょう。

そのとき、**株価が決まって上昇する動きが頻繁にあるならば、5日移動平均線まで我慢し、この水準で買いに動く人が多い**ということ。

5日移動平均線で見ると決まって上昇するなら、移動平均線に近いタイミングで購入を決めましょう。

結果的に、5日移動平均線が心理的な重要な節目と

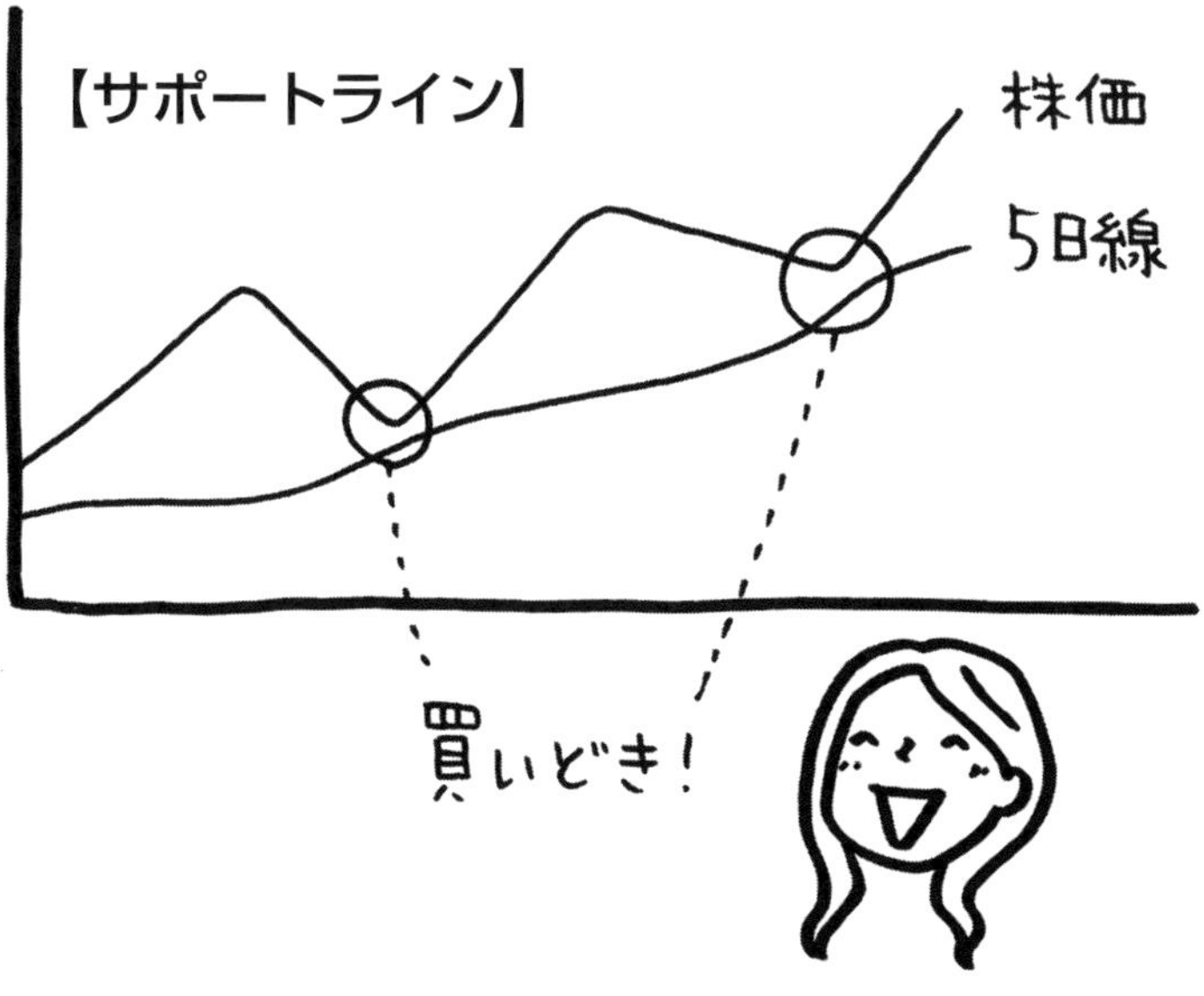

なるわけです。
こうした移動平均線の効果は、前で説明した**「サポートライン」**ですね。一定のところまで下がると上がりやすいということで、価格をサポートしているようなイメージで覚えてください。

その逆で、**その水準に達すると上昇が止まる効果を持った移動平均線は「レジスタンスライン」**ですね。まさに、「どのタイミングで売る？」の具体例で説明した25日移動平均線で動きが止まってしまう状況のことです。上がる価格に抵抗しちゃう線という感じでイメージすると覚えやすいかもしれません。

まるで壁みたいにはね返している線を見つけたら、注目してみましょう。

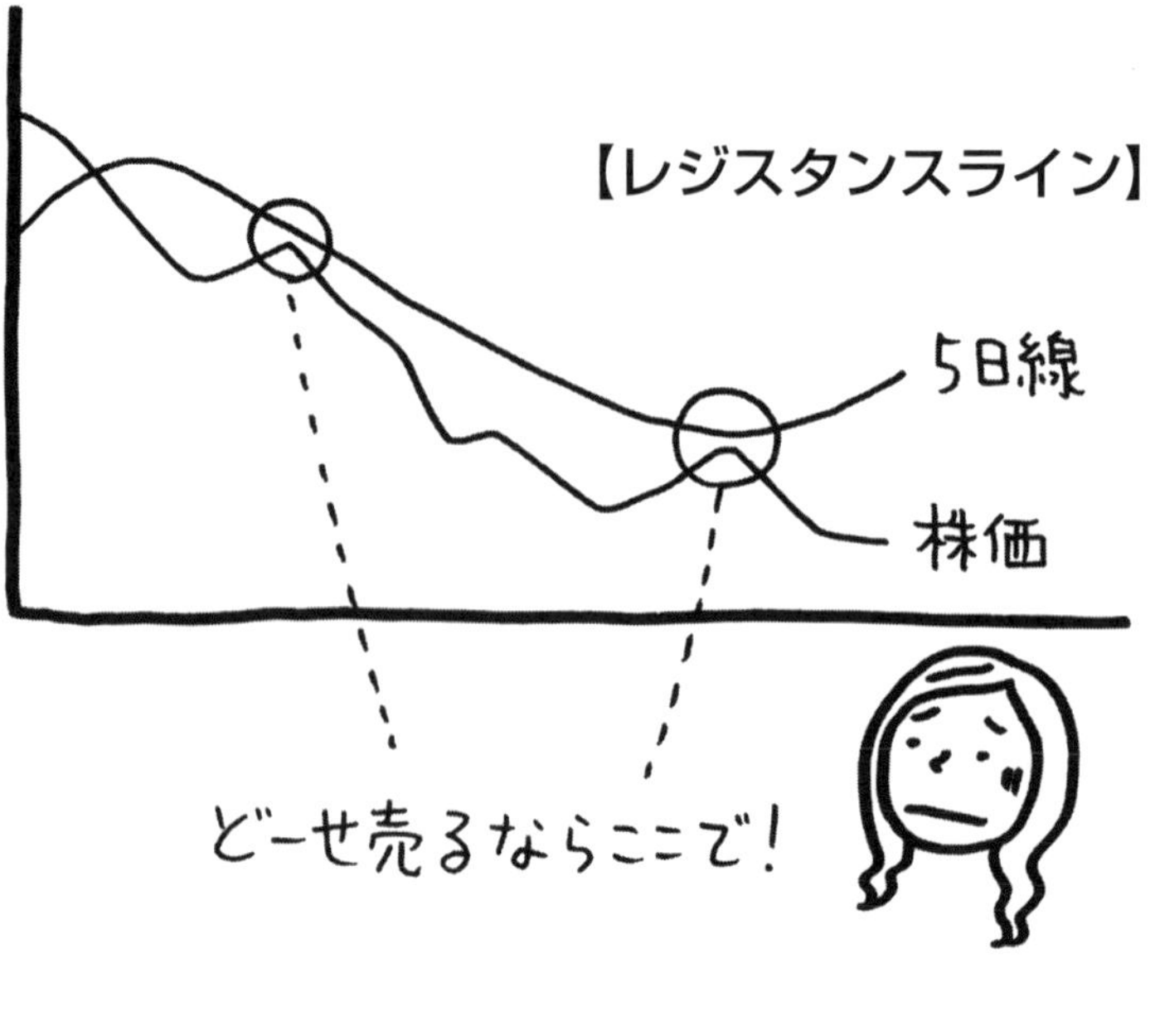
【レジスタンスライン】
5日線
株価
どーせ売るならここで！

◆油断はダメ！　一気に下がることも……

ただ、**「サポートライン」として働いていた移動平均線よりも、価格が一度下がってしまうと危険**です。

投資家たちは「もっと下がるかもしれない」という不安感が強くなって、一気に売ってしまう可能性があります。つまり一気に株価が下がってしまいます。

価格が上がると思ったから買ったのに、価格が下がったら、不安になって売りたくなりますよね。

サポートラインを下回ると、多くの投資家は弱気になり、売りたくなります。

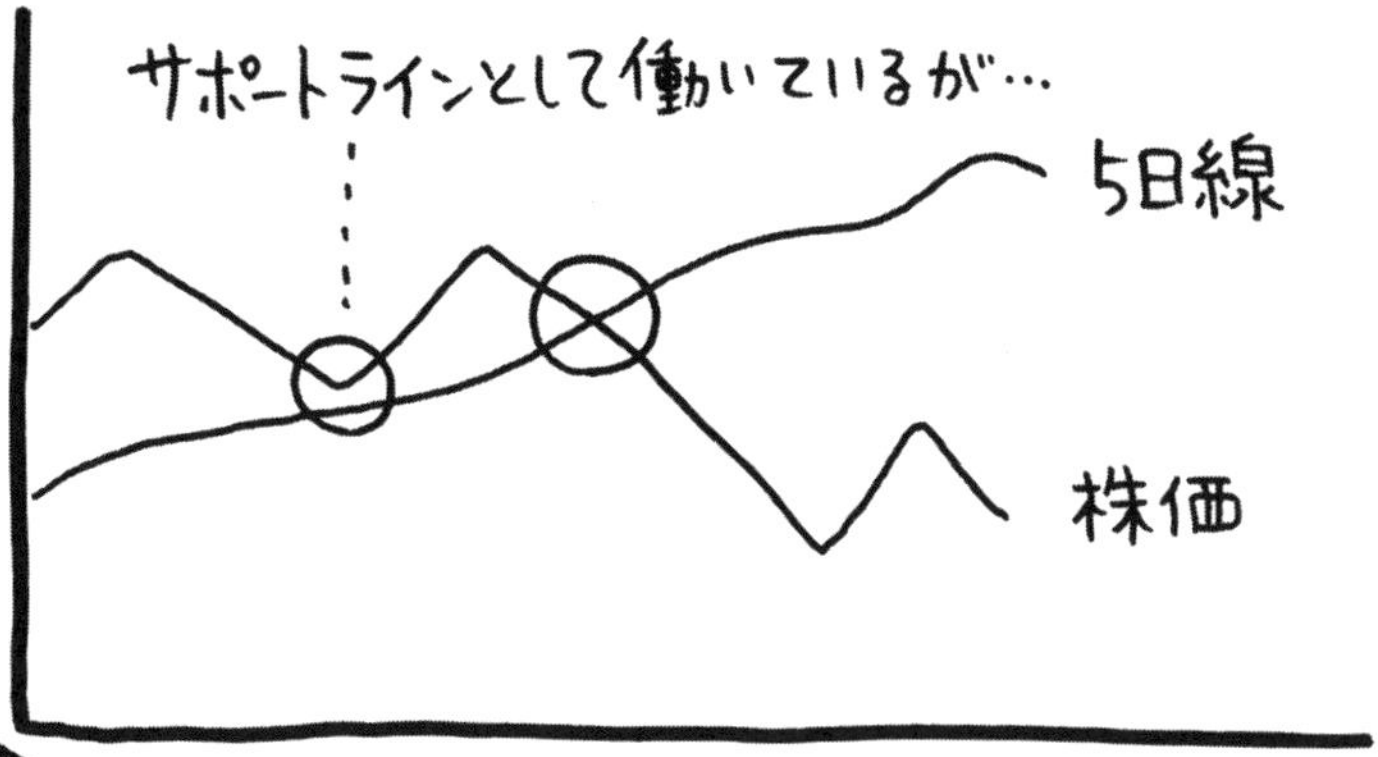
サポートラインとして働いているが…
5日線
株価

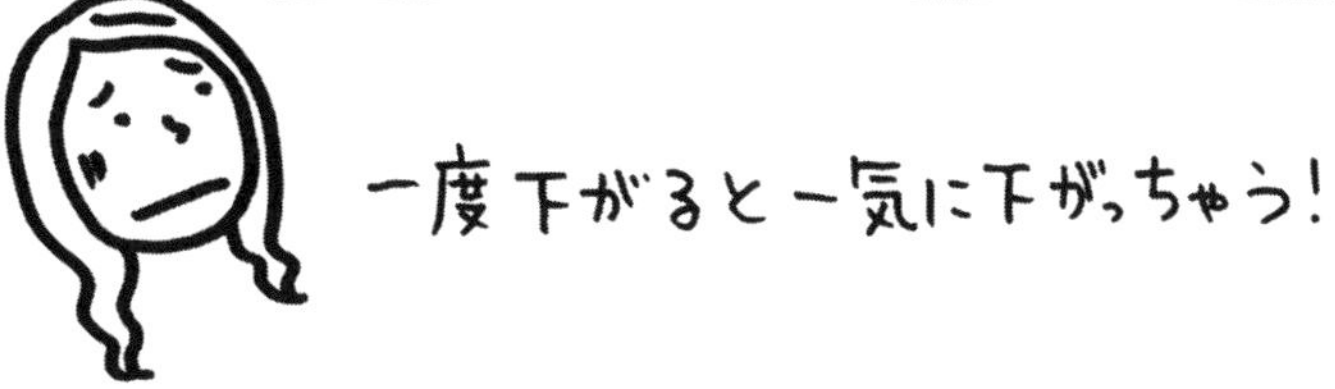
一度下がると一気に下がっちゃう！

◆なんと！　一気に上がることも！

反対に、**「レジスタンスライン」として意識されていた移動平均線よりも株価が上がると、大幅に上がる**ケースもあります。

もう下がるかなと思ったのに上がったら、「これは勢いがありそうだから買おう！」って考える人が多くなるからですね。

レジスタンスラインを上回ると、多くの投資家は強気になり、買いたくなります。

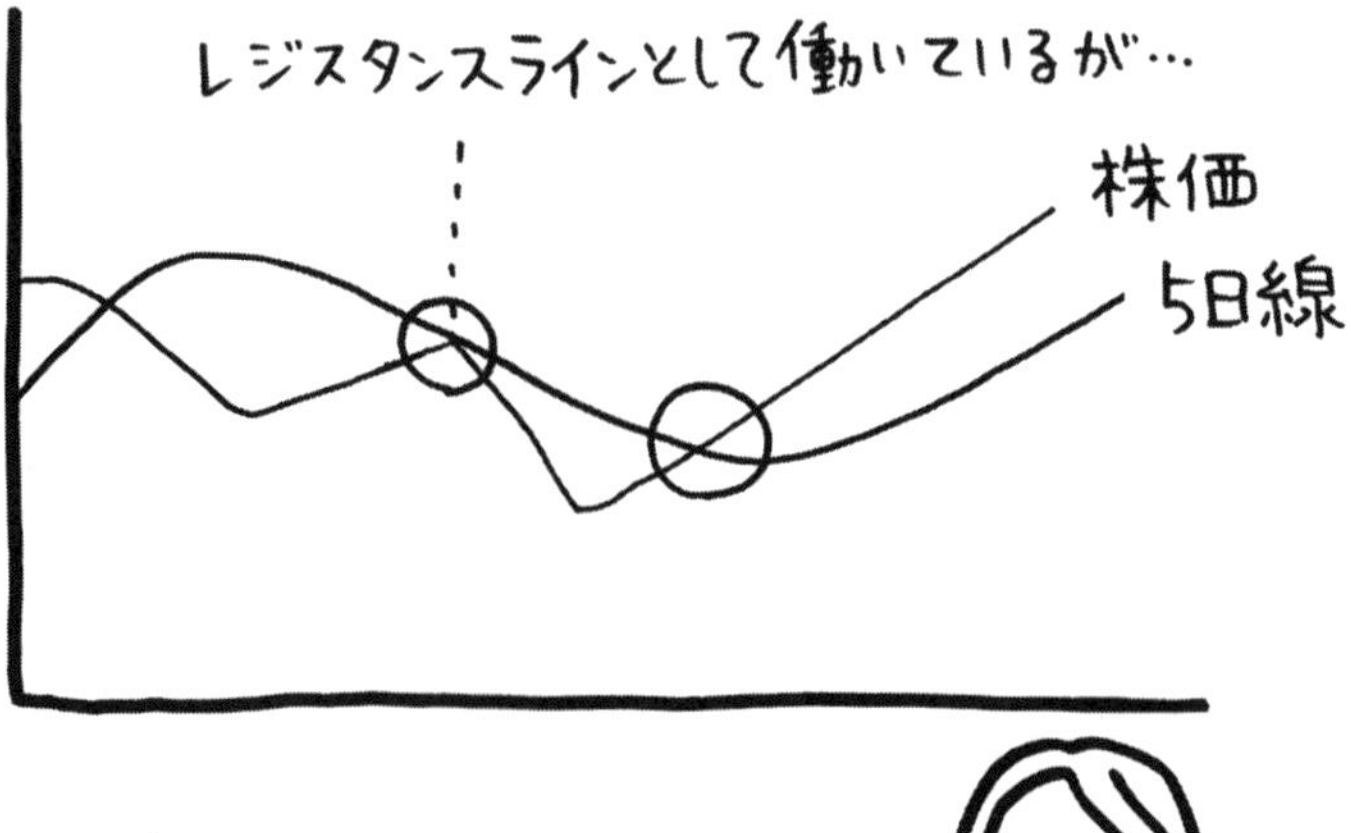
レジスタンスラインとして働いているが…
株価
5日線

一度上がると一気に上がる！

◆まだまだある！　組合せて分析しよう

さて、価格の動きと移動平均線の位置によるサインがいくつかわかったと思います。

ここまでは理解できましたか？

移動平均線は、投資家の心理状態も考えられるテクニカル分析で、使い勝手が良さそうですよね。

移動平均線を使って、まだまだ重要なサインを判断することができるんです。移動平均線には複数の期間のものを組合せる方法があります。

◆買いサインと売りサイン

「ゴールデンクロス（買いサイン）」と「デッドクロス（売りサイン）」についてお話ししましょう。

25日線などの短期の移動平均線と75日などの長期の移動平均線をあわせて見ていくと、このサインに気づくことができます。

まず、名前からして上がりそうなゴールデンクロス！

これは、下落のあとに出るサインです。長期の移動平均線が上にあるときは、下落する前に買って損をしている人が多いため、売りたいという思いがあるのです。

長く保有している人が多ければ、良いタイミングがあれば売りたいと思っている人も多いですものね。

そのため、短期の移動平均線が長期の移動平均線を越えてくるということは、下落する前に買った人たちが少なくなったということで、上がりやすくなります。

つまり、**期間の短い移動平均線が、期間の長い移動平均線を上に越えるとゴールデンクロス**、ということですね！

ゴールデンクロスが出たときは、株価が上がる可能性が高いため、買いということになります。

反対に、デッドクロスは上昇のあとに出るサインです。これまで安心して買っていた人の価格を、割りこむことにより下がりやすくなります。

これが出ると、慌てて売る人が多そうですよね。

短期の移動平均線が、長期の移動平均線を下に抜けるとデッドクロスというサインが点灯します。**デッドクロスが出たあとは、株価が下がる可能性が高いため、売り**ということになります。

心理状態を考えるととてもわかりやすいですね。この

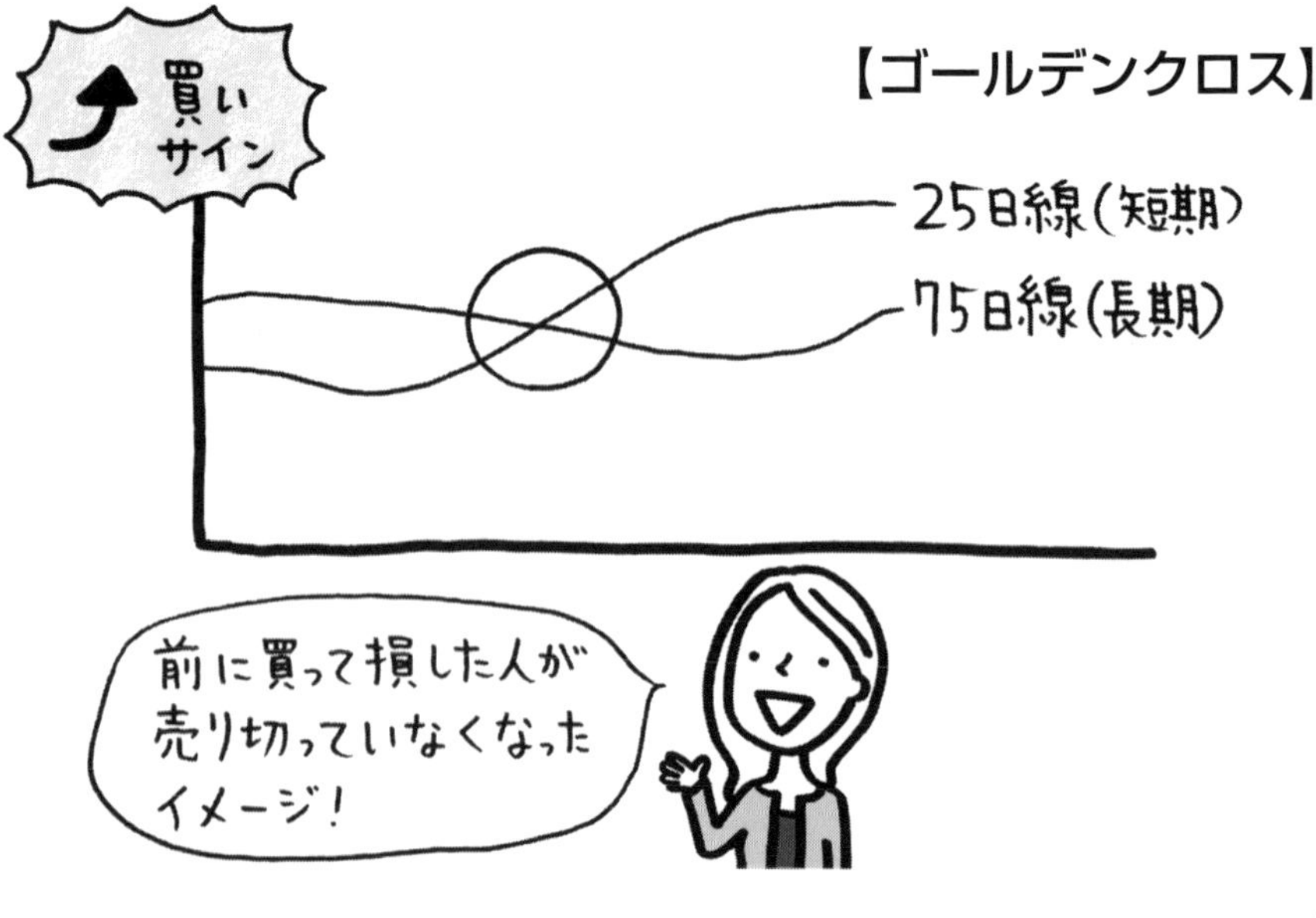
【ゴールデンクロス】
買い
サイン
25日線(短期)
75日線(長期)
前に買って損した人が
売り切っていなくなった
イメージ！

ゴールデンクロスとデッドクロスを判断できれば投資のプラスになりますね！

チェックポイント

・投資家の心理をあらわすのが移動平均線。
・ひとまず5日平均線と25日平均線を使いこなそう。
・長期と短期の移動平均線が重なったときは、売りか買いのサイン。

5

相場の盛り上がりをはかる温度計！　オシレーター

皆さんは、マーケットの温度計って知っていますか？

マーケットの過熱感を教えてくれる「オシレーター」を紹介します。

どんな働きをするのかというと、相場の盛り上がりを数字であらわしてくれるんです。

これからご紹介するオシレーターは、すべて「0から100の数字」であらわしています。

そのほか、数値の動きで売買判断しますので、年初来高値（非常に買われている）だとか、年初来安値（非常に売られている）などの株価の絶対水準とはまったく無関係です。ある決まった期間において、現在の株価の位置で、買われすぎなのか、売られすぎなのかを判断するわけです。

先ほど説明したトレンドとは異なる判断材料ということになります。

代表的なオシレーターとして、ＲＳＩとストキャスティクスについて説明しますね！

◆ＲＳＩ

80℃のとき
つい買いすぎちゃった…。

20℃のとき
売らなきゃよかった…。全部売ったのにコレだけ…。

数値が高いときは、買われすぎ！
反対に低いときは、売られすぎ！
これだけは、覚えましょう。

ＲＳＩは、一定期間の「値上がり幅」と「値下がり幅」を使って、値動きの強弱を数字でわかりやすくあらわしたもの。買われすぎなのか、売られすぎなのかを判断できます。

一定期間において、「上昇した日の値幅合計」と、「下落した日の値幅合計」をあわせたもののうち、前者が占める割合であらわします。例えば、上昇幅：下落幅の比率が７：３の場合、ＲＳＩは70％ということになります。

このように、値上がり幅の比率が高いと、相場の上昇しようとする力は強いと言えます。

そのような中でも、比率が高すぎると、買われすぎと判断されて、逆に比率が低すぎると売られすぎとなります。

つまり、買われすぎと判断した場合は、売りを考えたほうが良いということになります。

逆に、売られすぎと判断した場合は、買いを考えたほうが良いということですね。

この強弱を数値化したＲＳＩで、判断することになります。

その強弱のメドは、一般的にはＲＳＩが**20％より下がると**

【ＲＳＩの計算例】

1日目	100円（基準）
2日目	120円（+20）
3日目	95円（−15）
4日目	100円（+15）

→

上昇したのは→20+15
下落したのは→15
上昇値+下落値は→50

RSIは $\frac{35}{50}$ ＝ 70%

買いサイン（売られすぎ）、**80％より上になると売りサイン**（買われすぎ）と言われています。

ちなみに、日経平均など指数の場合、30％より下がると買いサイン、一方、70％より上がると売りサインです。

ただし例外もあって、急上昇した場合や急落した場合などは、一方向に大きく動くため、RSIが「100％」、または「0％」に近い数値となってしまいます。このときの株価は、上昇や下落を続ける可能性があります。極端な値動きになったときは、テクニカル指標として機能しなくなる場合がありますので注意が必要です。

つまり、RSIはマーケットが横ばい、緩やかな上昇もしくは下落という状況で効果を発揮するオシレーターなのです。

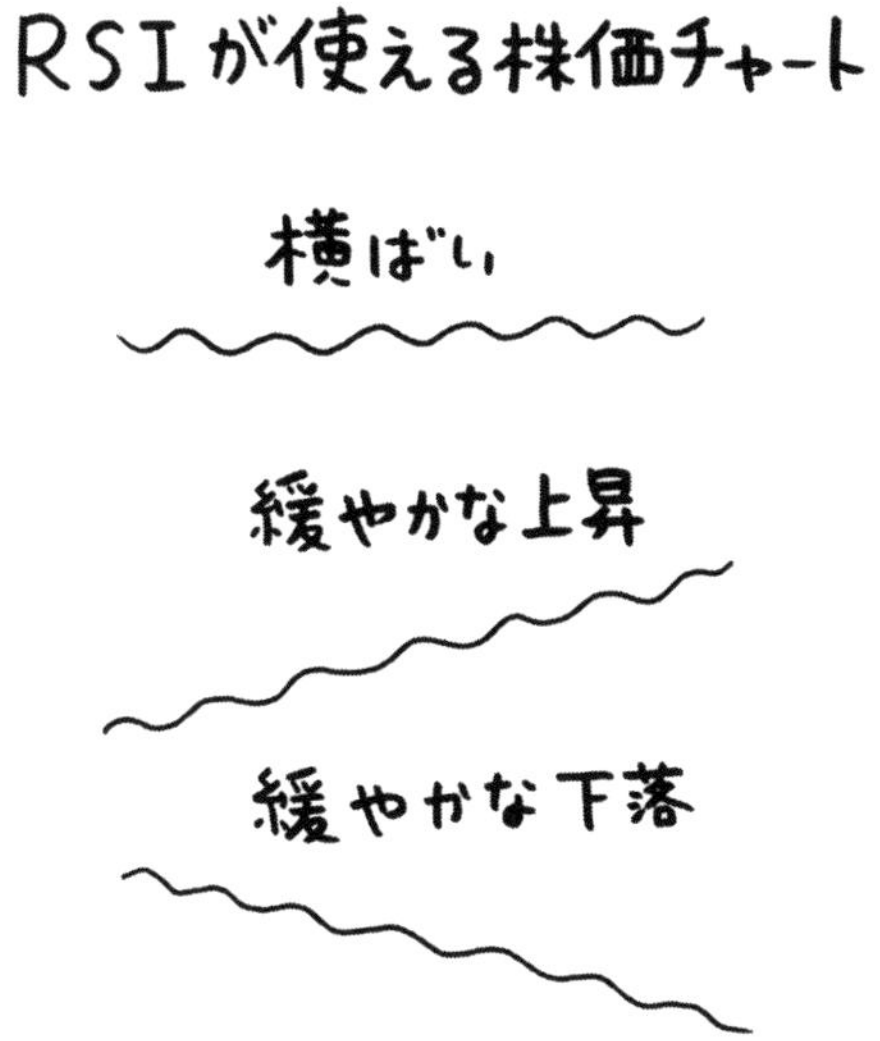
RSIが使える株価チャート
横ばい
緩やかな上昇
緩やかな下落

◆ストキャスティクス

続いてご紹介するのはストキャスティクスです。

……舌をかみそうですね（笑）。

ストキャスティクスは、一定期間の高値と安値を使って、**買われすぎなのか売られすぎなのかを判断**します。現在の価格が、一定期間の高値や安値と比較して、どの位置にあるかで算出されます。

皆さん、「あれ？　先ほどのＲＳＩに似ている……」と思ったかもしれません。

もちろん違いがありますよ。ＲＳＩは、買いゾーンと売りゾーンで判断するのに対して、ストキャスティクスは、２本の線を使った**ピンポイントな売買サイン**が出ます。相対的に判断しやすいテクニカル指標だと言えます。

ストキャスティクス
買いや
売りポイント

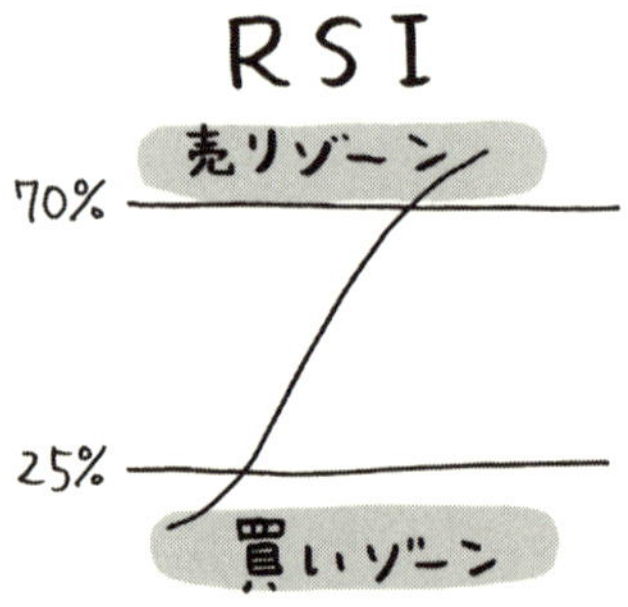

RSI
売りゾーン
70%
25%
買いゾーン

3.2.1
今だー！

２本の線というのは、基本の「％Ｋ」と、％Ｋを平均した線の「％Ｄ」のことです。動きの異なる２本線の位置や交わり方から、売買タイミングを判断することになります。

売買サインとしては、次のようになります。

「%K」が「%D」を上に抜いた地点→買いどき！
「%K」が「%D」を下に抜いた地点→売りどき！

意外とシンプルなので、わかりやすいと思います。

また、**%Kが75%以上のときは、買われすぎ、%K**

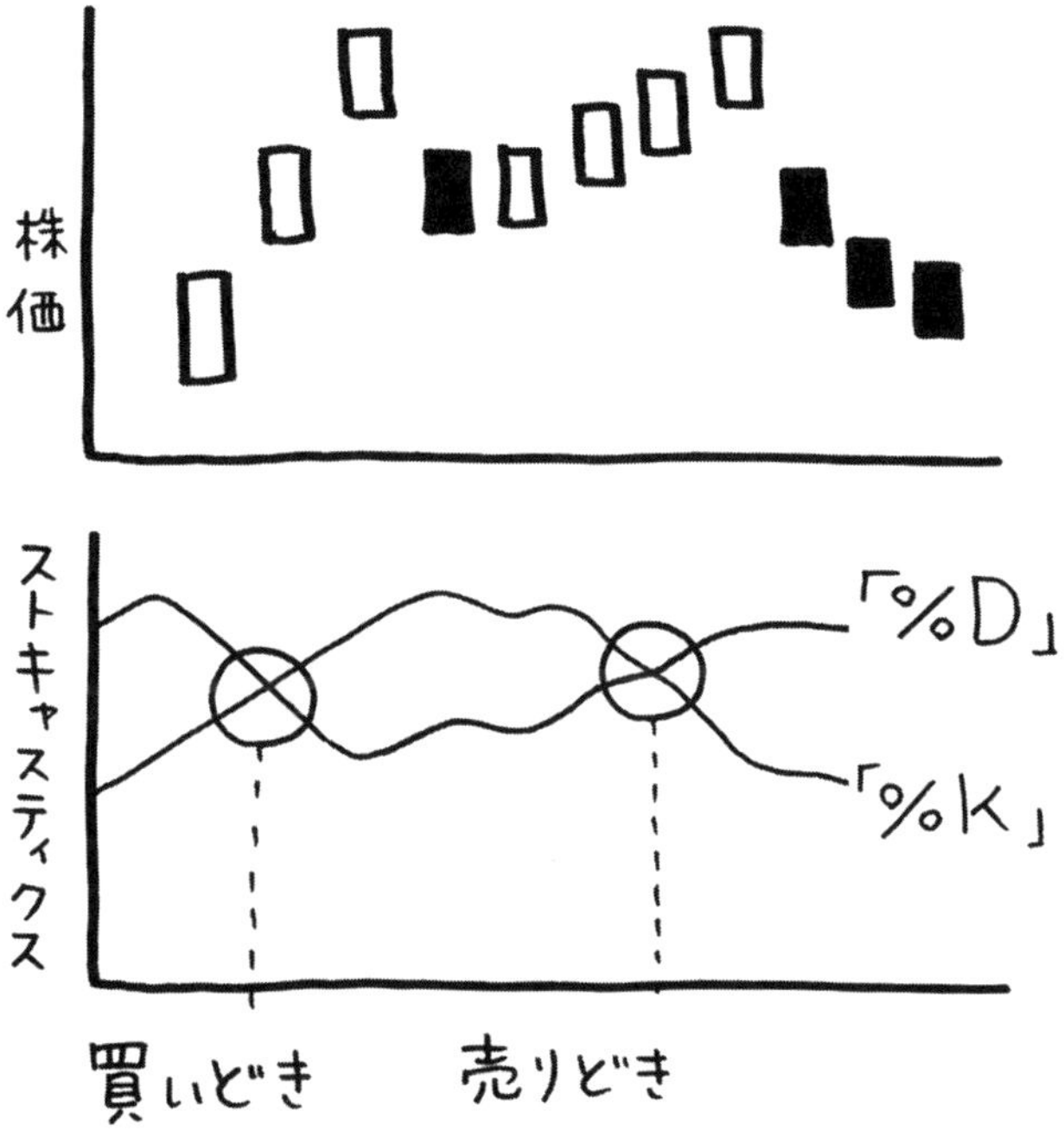

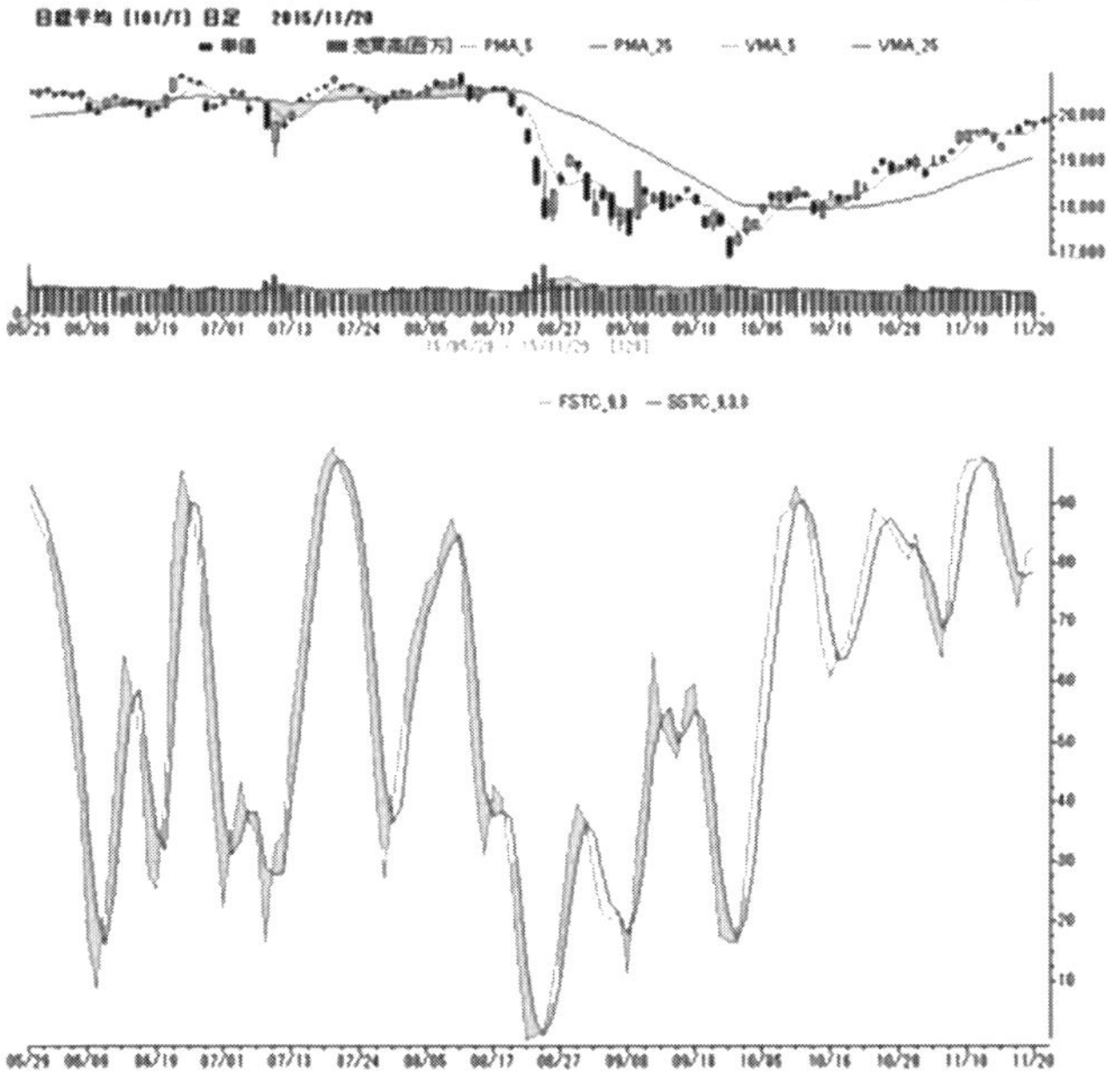

が25％以下のときは売られすぎとなります。

ただし、この買われすぎ水準、売られすぎ水準については、ＲＳＩ同様に株ごとの癖がありますので、その株の過去の傾向を把握しておくことが必要です。

そして、過去の買われすぎや売られすぎ水準と、％Ｋと％Ｄの交わりが同時にあらわれるときを、実際の売買サインとすることも一考です。

ストキャスティクスも、ＲＳＩと同様に、横ばいや緩やかな上昇、下落で効果を発揮します。

◆そもそも「%K」「%D」ってなに者？

ちょっと難しくなってきましたが、あと最後に、「そもそも％Ｋと％Ｄってなんなの？」と思った方に。ストキャスティクスは、１９５０年代頃、さまざまな投資家が試行錯誤の末、信頼性が高いという評価で生き残った指標なのです。

さまざまなサンプルをテストして投資効率が良かったというわけです。

参考までに、％Ｋの計算式もご紹介します。

％Ｋ＝（当日終値－当日を含むｎ日間における最安値）÷（当日を含む直近ｎ日間における最高値－当日を含むｎ日間における最安値）×１００

ｎは分析者が定める任意の期間

さっぱりわからないですよね……。でも大丈夫です！ ネット証券などのページを見ると、ボタン1つで出てきますので、覚える必要はありません。

チェックポイント

・オシレーターは、投資家の盛り上がりから考える売買サイン。
・RSIは、売買ゾーンを教えてくれる。
・ストキャスティクスは、売買ポイントを教えてくれる。
・どちらも、横ばいや、緩やかな上昇・下落しているときに使える。

6 出来高ってなに？

投資家の中には、出来高というものをとても気にする人がいます。

そもそも出来高とは、**売りと買いが成立した株の数**のことを指します。人の数ではなく、株の数なんですよ。

例えば、1000円の銘柄を100株売りたい人が、同じ銘柄を1000円で100株買いたい人を見つけ、売買が成立したとき、出来高は100株となります。

つまり、100株売買されたから、出来高も100株になるということですね。

1000円で200株売りたい人が、1000円で100株買いたい人と売買しても、売りと買いの株数が合致しないので、出来高は100株となります。

需要と供給が合致して、売買が成立したのが100株なので出来高も100株ということですね。

一方、1100円で100株売りたい人は、1000円で100株買いたい人がいても値段で合致しないので

出来高は0株です。

売買が成立しなかったからですね。

つまり、株数と値段が合致してはじめて売買が成立するわけです。この出来高は、テクニカル分析で極めて重要になります。

需要と供給がどれだけ合致しているかが重要と言われても……いまいちピンとこないかもしれません。

では、出来高はその銘柄の人気度をあらわすバロメーターというとわかるでしょうか。

たくさん売買が成立しているということは、注目されて人気があるっていうことなんです。

出来高が多い株は、それだけ投資家の関心が高いわけです。関心が高いということは、**決算が良かった**など、なんらかの売買する理由があるので、値動きも大きくなるケースが多くなるのです。

買いたい人や売りたい人が集まってくるから、さまざまな投資家心理が働きますよね。

株価が上昇する場合、この出来高は増加する傾向があります。

なんらかの材料があって関心が高まっているので、上がることが多いのです。

出来高が増えると、
大人気ってことだね！

◆上がり続ける株を売る投資家の心理

では上がり続ける株は、最後はどうなるでしょうか？　例をあげて株価の動きと投資家心理を簡単に説明してみますね。

あるXという会社の決算が良かったとします。出来高が増加し、株価は上昇しはじめています。

さて、このとき、投資家はなにを思うでしょうか？　実は、このとき、主に次の３つのタイプに分かれるんです。

「好決算で注目が集まっているので、上昇してしまう。急いで買わなければ！」と思う積極的なAさん。

「今慌てて飛びつかなくても、１回下がった場面で買ったほうがいいかな」と考える慎重派のBさん。

さらに、「もともと持っていたからラッキー、どこで手放そうかな？」という投資家のCさん。

このように、さまざまな心理状態の投資家が存在するわけです。

では、物語を続けていきますね。

この日、**X株はBさんの考えとは反対に上がり続け、ストップ高**となってしまいました。**出来高も増加**しています。

Bさん残念ですね。ストップ高というのは、その日の制限値幅の上限なので、これ以上この日は上がらないのです。

買いが殺到したことで、X株は本日買うことができない状態となってしまいました。このときの3人の心情を考えてみます。

Aさん「買ってラッキー。ただ、どこで売れば利益が大きいかな？　もう少し上がってから手放そう」

Bさん「しまった、下がることなく上がってしまった。明日も上がりそうだったら参戦しよう」

Cさん「明日も上がりそうだから、今日は売らずに明日手放そう」

AさんとBさんで明暗が分かれましたね。そしてCさんが一番余裕ありますね。

そして次の日、X株は買い優勢の上昇した価格で取引がはじまりました。投資家の関心も集まっていることから、出来高が増加しています。最初から強い値動きが続いて、X株はぐんぐん上昇。**出来高にともなって株価が上がっている銘柄に飛びつく投資家が押し寄せてくる**からです。

Aさん「すごい出来高だ。この上昇はしばらく続くかもしれない。株価が倍になるまで持っていよう」

Bさん「買えた。まだまだこの銘柄は上がりそうだ」

Cさん「今日ストップ高近くなったら売却しようかな。買った水準から50％上がる計算になるから十分」

この段階では、Aさんは保有継続、Bさんは買えて良かったけど、この3人の中では一番不利ですよね。Cさんは余裕があるから早めに手仕舞いたい感じなんですね。

この日、X株は**2日連続でストップ高となりました。出来高も前日比で増加**し、一躍市場の注目株となりました。

こうして、Cさんは売却して利益を確定しました。

◆得する人と損する人が分かれる投資家の心理

さて翌日のはじまりは、

Aさん「今日も強いスタートだ。もう少し様子を見て利益確定しよう」

Bさん「今日も出来高増加で強いスタート。ストップ高までいけば利益確定しよう」

Cさん「出来高が凄いな。まだ強いけど少しやりすぎな感じもするなぁ」

ここまでは、AさんもBさんも冷静に売るタイミングを考えていきます。

では話を進めますね。X株は最初こそ、強い値動きでストップ高を目指す勢いでした。ただ、上昇度が鈍り、もみ合いとなっています。

Aさん「あ、やばい。いったん売っておこう」

Bさん「まだ出来高はできているから、買い増しかな」

Cさん「あ、投資家が一斉に逃げるかもしれない」

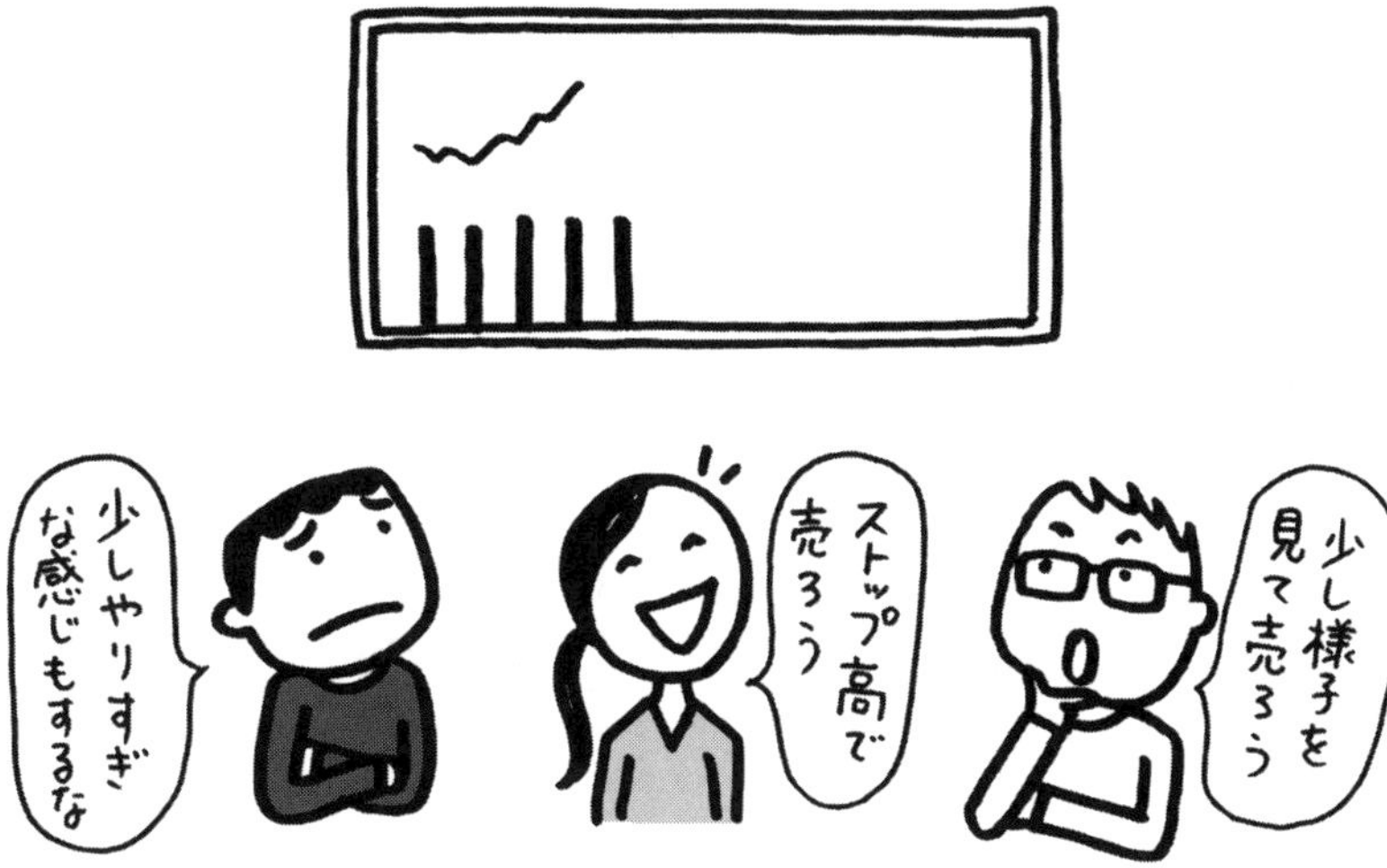

Dさん「お、少し下がったから買っておこう。上がったらすぐ売ろう」
Eさん「大相場だ、買いや。ひたすら買いや」
知らない間に2人増えましたね！　私はAさんの意見に賛成かなぁ。Bさんは最初慎重だったのにここに来て強気ですね。Cさん、Dさんは現実的で、そしてEさんは強気すぎて怖いですね！

……そしてこの日、X株は大商いの中で、ストップ安となりました。
きっと皆さん予測していたと思いますが、怪談より怖い結末ですね！
ストップ安は投資家にとって、怪談より怖いかもしれません。

さて、5人の心情を見ていきますよ。

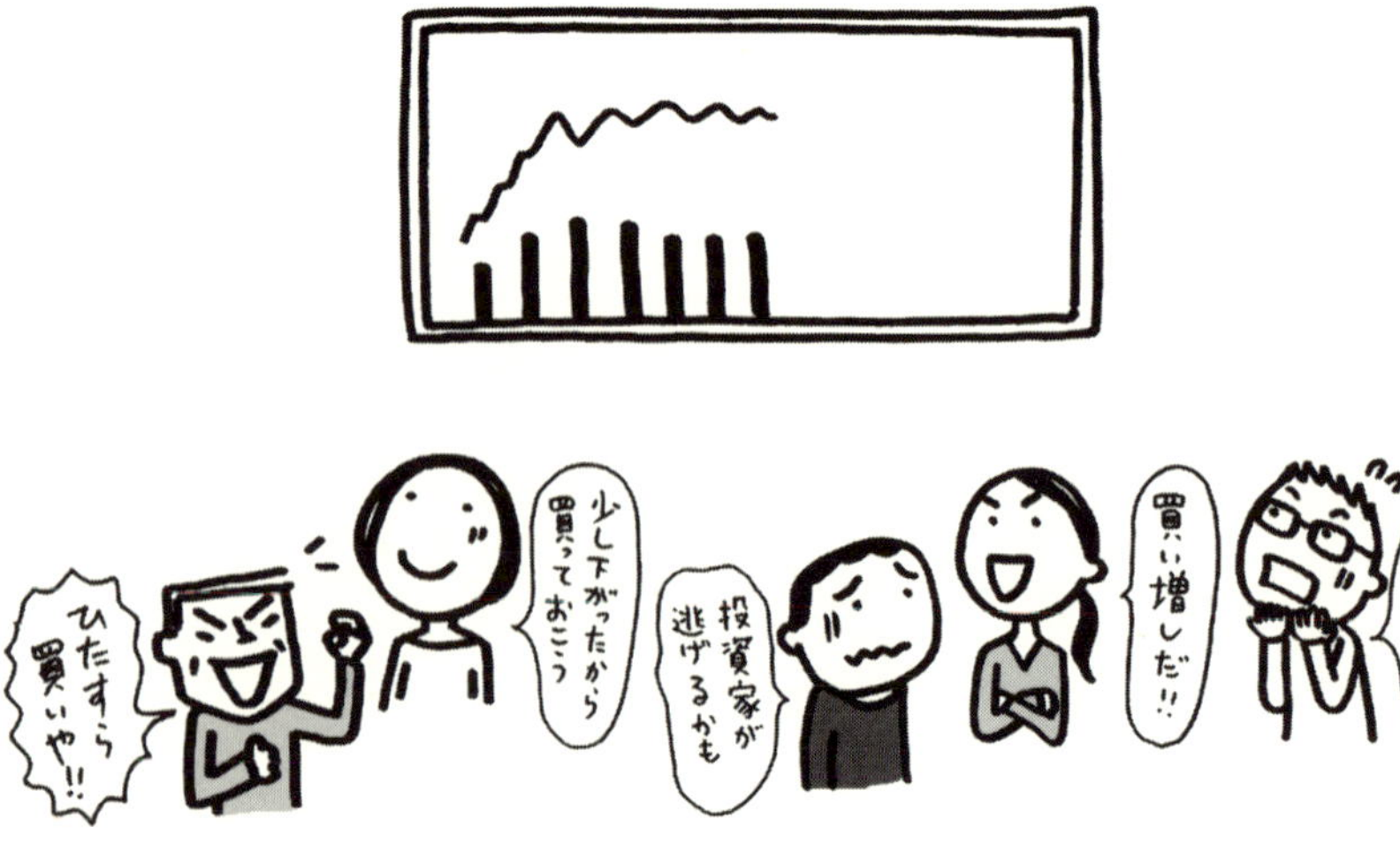

Aさん「やっぱり暴落したかぁ。いいタイミングで売れてよかった」

Bさん「あーあ、まだトータルで利益が出ているから、明日売るか」

Cさん「暴落したね。揺り戻し（暴落後の小さな反発を狙っていこうかな」

Dさん「ありゃー、明日損切りしなきゃ」

Eさん「やってもうたぁ。明日少し戻さんかな？」

最初に動いていたCさんやAさんはコメントに余裕が見られますね。Cさんは終始余裕でしたけど。一方、一歩乗り遅れたBさんは売り時を逃してしまいましたねー

大商いとなったときに参戦したDさん、Eさんはかなりきつい状態になりそうです。

ただ、Dさんは損切りを早い段階で決断しますが、Eさんは淡い希望を抱いているので、そこで差がつくでしょう。

◆大損してしまう投資家の心理

では次の日を見ていきましょう。

Bさん「朝方の弱いタイミングで売れてよかった」

Dさん「はー、売れてよかった。さ、次の銘柄探そっと」

Eさん「朝方もみ合っていたから買い増しじゃぁ」

結果、X株は朝方もみあったあとは、フリーフォール状態でストップ安となりました。かなりの売り気配となったことで出来高は減少。その後、X株は小さな反発はありましたが、出来高が徐々に減少し、上昇した水準まで下落しました。

Bさん、Dさんも売買益がとれたようでなによりですが、Eさんのことを考えると……。

出来高が増減している裏には投資家のさまざまな心理状態が錯綜していることがよくわかりましたね。

◆買いたい人 VS 売りたい人

このように考えるとよくわかると思いますが、長くなりましたのでまとめていきますね。

最初に動くときは、保有している投資家が少ないので売りはあまり出ません。

次に、**「昔から保有している投資家の売り VS 新規の買い」**が起こります。出来高をともなって株価が上昇するときは、**「利益確定の売り VS 現物（普通）の買いと信用取引を利用した人の買い」**がぶつかって出来高が増加しているのですね。

つまりこの株は動くと感じた投資家が一気に集まってくるわけです。

そして、出来高が猛烈にできて株価が強い動きを見せているときは、**「利益確定の売り VS 値動きがあるから参戦した投資家の買い」**が起こるんです。

では反対に、出来高をともなって株価が下落するときは、どうなると思いますか？

「利益確定の売りと信用取引を利用した売り VS 押し目狙いの買いと高値で購入した投資家のナンピン買い」が起きます。少し下がったから買ってしまう人や、買い増しする人が増えるんです。この後者のナンピン買い

値動きがあるから参戦した短期投資家は、イナゴと呼ばれています

は、初心者にはオススメしません。下がっている銘柄は、そのまま勢いよく下がるケースが多いのです。

その後は、**「失望売り、利益確定の売り、信用取引を利用した売り ＶＳ 押し目狙いの買い」**が起こります。

最終的には、圧倒的な売り（ガラ）のあと、売りが少なくなり、出来高は沈静化を迎えるわけです。

もちろん、すべての株価で、こうした出来高の変化が生じるわけではありません。ただ、出来高が増加する銘柄の値動きを追いかけていると、こうした動きをよく目にします。

よくあるということは、この動きについてきちんと理解していれば、利益につなげることも損を防ぐこともできそうですよね。

出来高をともなって上昇している銘柄は、投資家心理がある方向性（上昇）に偏りがちになるので、こうした流れができるわけです。株価の天井では誰もつかみたくないですから、理解することは必要だし、大切ですね。

そして、売りが出なくなると、その銘柄は大きな山を１つ残して静かになっていくのです。チャートを見ていると、本当に大きな山なのですが、詩的な表現で素敵だと思います。

チェックポイント

・出来高は、人気や不人気があらわれている。
・出来高は、投資家の不安や期待で動く。
・出来高が増えている株は、投資家の心理を考えて売買しよう。

コラム ○ 投資家が翻弄されるバブル相場とは？ ①

近年、バブルが発生しているというニュースが頻繁に聞かれるようになりました。このページでは、最近よく耳にするようになった「バブル相場」についてご説明していきます。「そもそもバブルってなに？」という疑問から解消できればと思っています。

バブルとは、日本語に直訳すれば、泡という言葉ですね。

投資の世界では、**「土地や株式などの資産価格がファンダメンタルズを反映した価格から大幅に乖離して上昇している状態のこと」**を指します。

そして、バブル崩壊とは、**「ある水準で上昇が止まり猛烈な下落を見せること」**を言います。

破裂するイメージが泡と近いことでバブルという名称なんです。ある水準などと具体性に欠ける点がバブルの特徴です。つまりバブル崩壊のタイミングはほぼ誰も気づかないのです。

日本では、2000年前後のITバブルや、80年後半から90年にかけて発生した土地バブルにともなう株価上昇が有名です。

バブルが発生すると好景気になるのですが、バブルが破裂すると、その反動は大きく長い景気低迷となるケースがほとんどです。バブルを発生させないことが一番なのですが、うまくコントロールできないのが経済なのでしょう。

最近話題のバブル相場は、破裂すると大変なことになるんです。

2時間目
負けないための
5カ条

負けないための5カ条

1 チャートの根っこって知ってる？　ファンダメンタルズ

さて、ここまでひたすら、チャートと分析方法について説明してきました。しかし、チャートを構成するのはもちろん株価です！　ここでは株価に関する内容にふれたいと思います。

株価は、株式市場における企業の価値をあらわしています。テクニカル分析では、株価がこれから上がるか下がるのかといった予想はできますが、企業の価値を推定することはできません。

では、企業の価値を推定する際はなにが必要なのかというと、その企業の業績です。企業は株主に対して、蓄えた利益（剰余金）の中から配当金を支払います。一般的には、好業績ならば配当金の額が増えるほか、資金的な余裕から設備投資や新商品の開発などが行われ、好業績が続き、企業の価値は高まります。

だから好業績な銘柄は、株価上昇につながるのです。

一方、業績が悪い場合は、この逆ですから、株価は下がる可能性が高まりますね。

また、景気や金利などの経済や政治の動き、機関投資家の動きなども株価に大きな影響を与えます。こうした要因をファンダメンタルズ（経済の基礎的条件）と表現します。

ファンダメンタルズは、チャートの根っこにあるようなイメージです。

好景気となれば、物やサービスの需要が高まり、全般的に企業は好業績となり、株価は上昇する傾向が強まりますので、たしかに景気は株価に影響を与えています。

一方、不景気になると、この逆ですので、株価は下落しやすくなりますね。

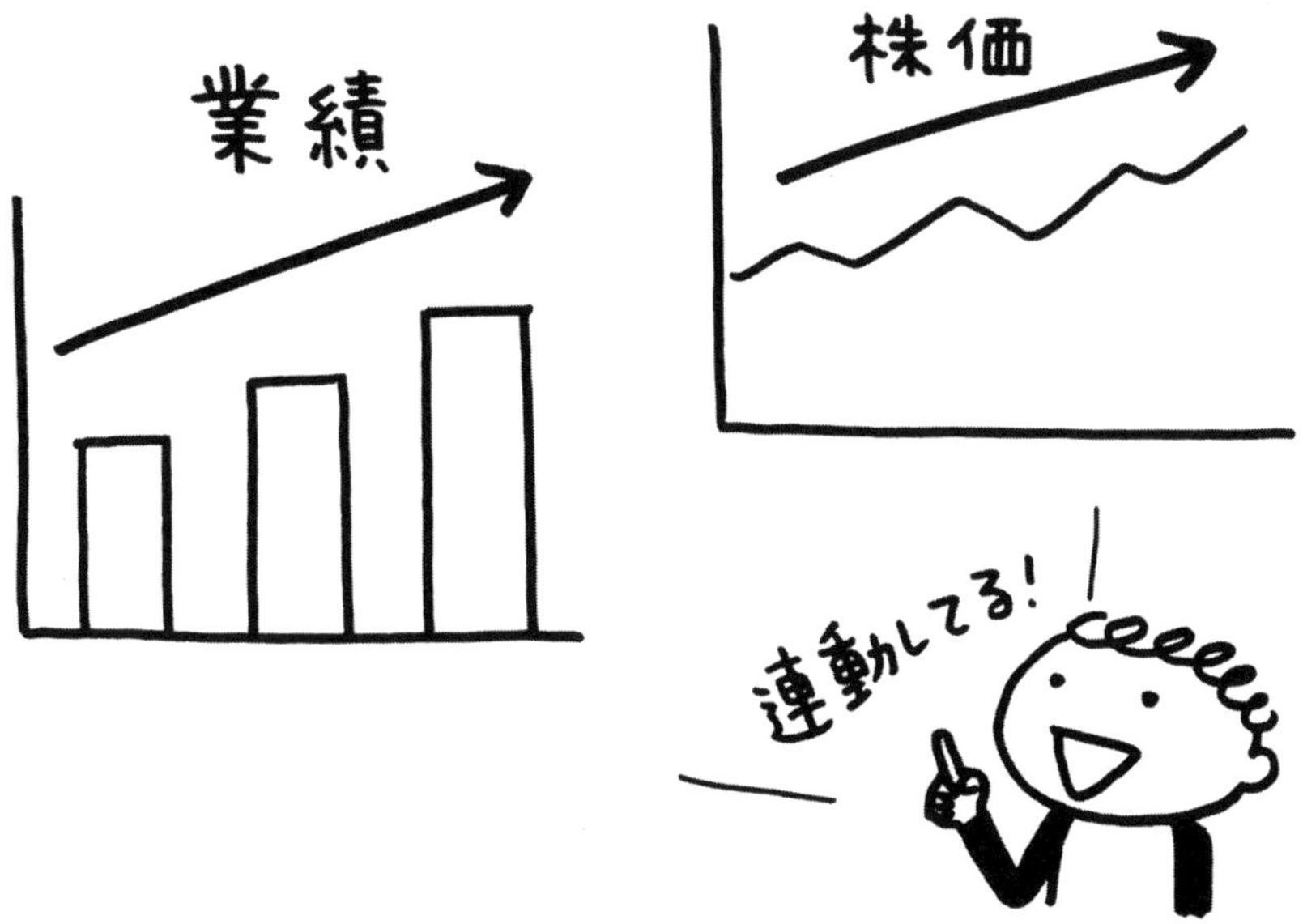

金利に関して言うと、借金が多い企業は金利が上昇すると支払う利息が増加するため、支出が増えてしまいます。

つまり、金利上昇がマイナス要因になってしまうのです。


ここで注意してほしいのは、テクニカル面のみに固執して企業の業績をまったく見ないことです。

例えば、チャートでは右肩下がりの下落トレンドが続いている株価1桁の銘柄があるとします。この銘柄を安いと感じて買うでしょうか？

おそらく、多くの投資家は不安になると思います。だって株価1桁となるなんて、なにかしらの理由があるのではないか？と勘ぐってしまいますよね。


ではこれが、株価1000円だとどうでしょうか？株価1桁ならば怪しく感じますが、下落トレンドが続いている銘柄の株価が1000円だと、とくに不安は

感じずにチャートだけ見て「なんとなくこの辺りで止まるはずだ」と考えて買う投資家がいてもおかしくはありません。

しかし、株価が下がっているときは、その理由を考えることが大切なのです。

価格が下がる要因として、業績がさえないというケースはよくあります。

もちろん、良い業績は、株価が上昇する理由にもなります。

好業績を背景とした上昇であれば、しっかりとした投資資金が入ると考えられるので順調に上がるはずです。しかし、とりわけ買う材料が見当たらないのに、株価が上昇しているようなケースもあるんです。このケースは長続きしないことがあります。

やはり、下落局面でも上昇局面でも、チャートだけではなく、企業の業績などもしっかりチェックしないとダメなのです。

誰もが安定したパフォーマンスを得たいですから、とり入れない手はないですねっ！

皆さんも、株価が割安なのか割高なのかを判断する際には、ファンダメンタルズで銘柄の安全度を見極めて、株価の水準はテクニカルで分析するなど、使い分けていきましょう。

2 どこに上場している株か知っておく

国内で上場している銘柄は3500以上あります。上場している銘柄は、それぞれどこかの株式市場に上場しています。ということで、まずは日本の主な株式市場を紹介します。

東証一部・・・日本を代表する銘柄が多数
東証二部・・・歴史ある銘柄が多数
東証マザーズ・・・創立10年など比較的若い銘柄が多数
JASDAQ・・・歴史ある銘柄と創立10年など比較的若い銘柄が混在

これらのほか、名古屋、札幌、福岡など日本各地に株式市場は存在していますが、多くはこちらの4つの東京市場に上場しています。投資を考えている銘柄が、どの市場に上場しているのかは、しっかり確認しておきましょう。

なぜなら、それぞれの特徴の違いが、株価の動きにも出てくるからです。

例えば、若い銘柄が多いマザーズの株は、短期間に大きく上昇（下落）するケースがよくあります。つまり、値動きが激しいとも言えますね。一方、東証一部の銘柄は短期間に大きく上昇（下落）する可能性はかなり低いんです。

これはその銘柄の時価総額の大きさや株主構成などが関係しています。**時価総額が大きい銘柄は、体が大きいので株価の動きもゆっくり**です。一方、時価総額が小さいとこの逆となります。

シンプルに説明しますと、１００億円の時価総額の株を１億円分買っても、１％にしかならないので、株価の動きは小さくなります。一方、10億円の時価総額の株を１億円買うと、10％になるので株価の動きは大きくなります。

もちろん東証一部に上場している銘柄が、すべて時価総額が大きい銘柄とは限りません。一方、マザーズやＪＡＳＤＡＱに上場している銘柄が、すべて時価総額が小さいとも限りません。ただ、上場している株式市場によって違いがあることは、少し意識していると良いでしょう。

3 チャート分析の勝率は何%？

1時間目では、基本的なテクニカル手法をいくつかご紹介しましたが、テクニカル手法は、実はもっと多くあります。

利用している投資家が多い少ないというのを抜きにすると、200ほど存在するんです。

世界中でさまざまな金融関係者や学者が新しいテクニカル指標を考案していますので、その数は増える一方なのです。

今回ご紹介したのは、ほんの一部。ただ、多くの投資家が利用するテクニカル手法は限られており、**すべてを理解する必要性はありません**。専門家だって自分が得意とする手法は限られていて、それらを基準に相場の動向を見極めているようです。

それに200のテクニカル方法を使っていたら、逆にわかりにくくなってしまいそうですね。

ですが、ここで注意しなくてはいけない点が1つあります。

え！ 200 種類も !?
覚えられないよー
専門家だってすべて使わないので、大丈夫ですよ！

この本を読んで、わかりやすいと感じるテクニカル手法1つだけで勝負をすると負ける可能性が高くなります。なんと、テクニカル手法は単独で使うと勝率50％以下になってしまうんです。

1つのテクニカル手法で判断すると、その手法が通用しないときに、気づくのが遅れて負けてしまいます。これは通称ダマシと言います。**このダマシに気づかないでそのテクニカル手法に固執してしまうと残念な結果に……なんてことも。**

しかし、安心してくださいね。2つ以上の分析手法を組合せれば、ダマシを回避できることが多いんです。

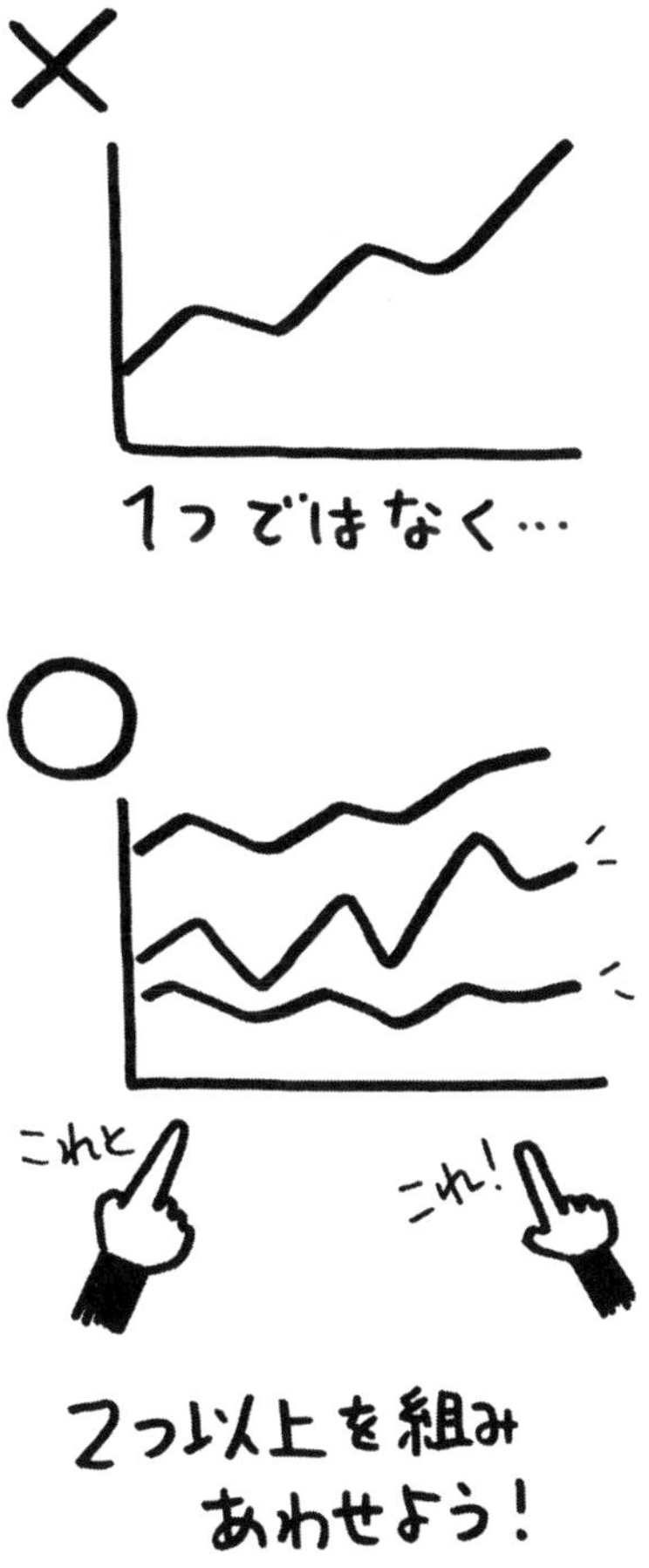

◆どんな組合せが良いの？

ちなみに、どういう組合せが良いのかと言いますと……例えば、1時間目にご紹介した**移動平均線**は非常に使いやすくて、投資家の多くが利用しているテクニカル手法です。私ももちろん使っています。

ただ、この移動平均線だけで投資を行ってもだめなんです。理由として、移動平均線は上昇中か下降中かの流れを見るには最適なテクニカル手法ですが、**売られすぎか買われすぎかを判断することは難しい**からです。

トレンドはわかっても、過熱感がわからないから勝ちにくいわけですね。

ということは、過熱感を確認できれば良いのだから……1時間目でご紹介した**RSIやストキャスティクスなどオシレーター系の手法もあわせて確認**する必要がありますよね。

トレンド系の手法に、オシレーター系の手法を組合せることは王道です。

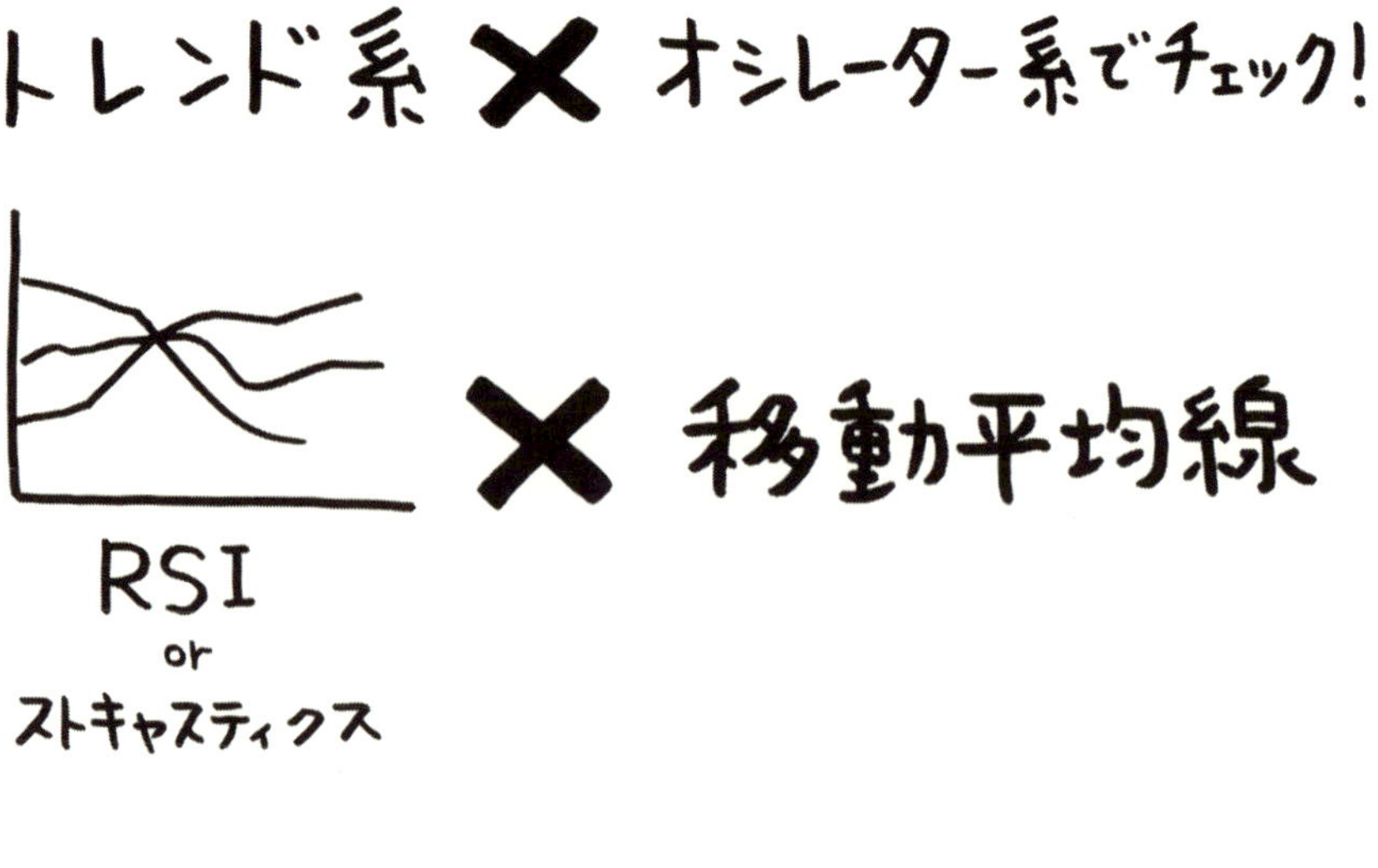

◆100%に近い組合せを見つけよう

手法の組合せは無限大です。自分好みの投資手法が必ずありますので、その投資手法を見つけるまでチャートと睨めっこするのもありかと思います。

複数のテクニカル分析を組合せることで、高いパフォーマンスを残すことができますが、さすがに勝率を100%に引上げるようなものは見つかっていません。そのような「神のテクニカル手法」の組合せを見つけちゃうとすごいことになりそうですね。

「そこまで時間もないし面倒だ」という方のためには、4時間目で組合せをいくつかご紹介しますので参考にしてください。

組合せることで勝率は半分以上となる可能性が高まるので、複数を組合せるのはマストです。

もちろん、たくさん組合せたからといって必ず防げるわけではありませんので、私はよほど気になるとき以外は、**2つか3つくらいの組合せ**ですね。

1時間目の「出来高ってなに?」でご説明した通り、投資は心理的な要素が大きいですから。そのときのご自身の心理状態や、相場の地合いなどが大きく影響するのです。

こうした流れを読みとることで、テクニカル手法の精度を上げることができるわけですね。

4 相場の格言を知っておこう

株式、為替相場には「相場格言」といったものがあります。これは、さまざまな投資家が、売買をくり返す中でたどり着いた格言です。投資を行っている中、迷うことはたくさんあります。そういった場面で、こうした相場格言を見ると、なにか答えが浮かんでくるかもしれません。代表的な相場格言をまとめてみました。ひょっとしたら自分の投資信条に近いものと出会えるかもしれませんよ。

1. 遠くのものは避けよ

遠くのもの（あまり知らない銘柄）ではなく、身近なところにも投資材料は転がっているもの。知らない銘柄に投資をするよりも、少しでも知っている銘柄に投資をするほうが間違いは少ないという格言。

2. 売り買いは3日待て

売買を焦って行うのではなく、3日待つくらいの余裕を持って行えという格言。急ぎは禁物、余裕を持って客観的に相場、企業を分析することが重要。

3. 人の行く裏に道あり花の山

人と同じように投資をしたり、人気化した銘柄に右往左往して売買してしまい、高値で買い、ロスカットを余儀なくされる場合もある。人の行く裏の道にこそ、花の山(成功への道)が開かれているという格言。

4. 頭と尻尾はくれてやれ

頭を最高値、尻尾を最安値と比喩し、頭と尻尾を狙うのは難しいことから、真ん中のおいしい身をいただきましょうという格言。高値、底値はわからないため、冷静に相場を見つめ、欲張ることなく投資を行うことが重要。

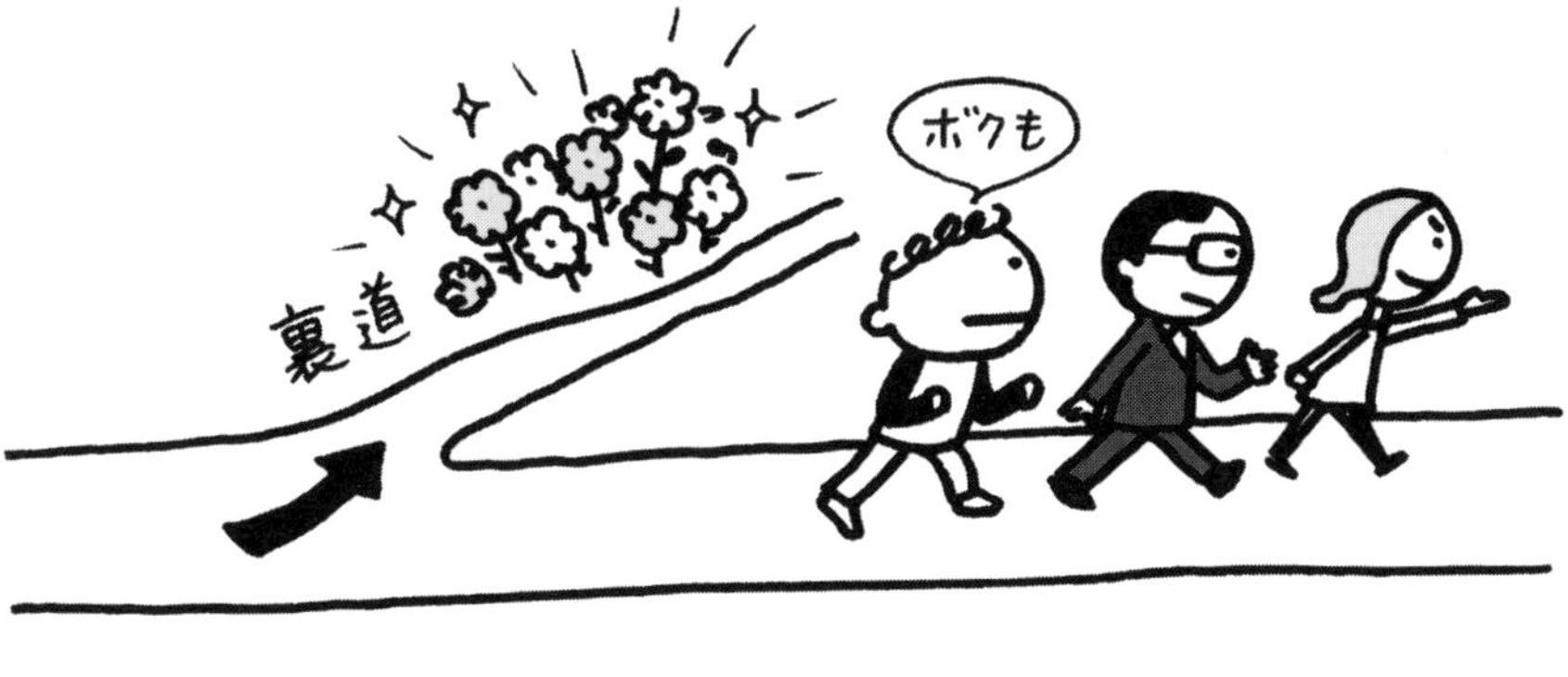

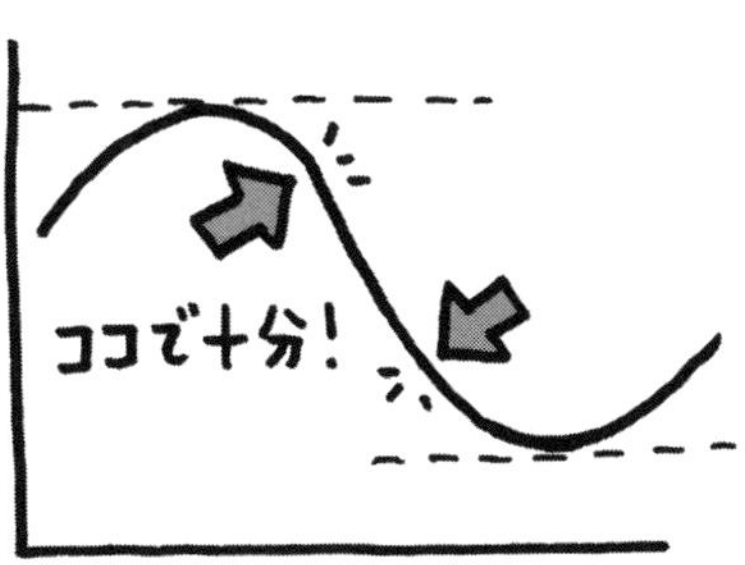

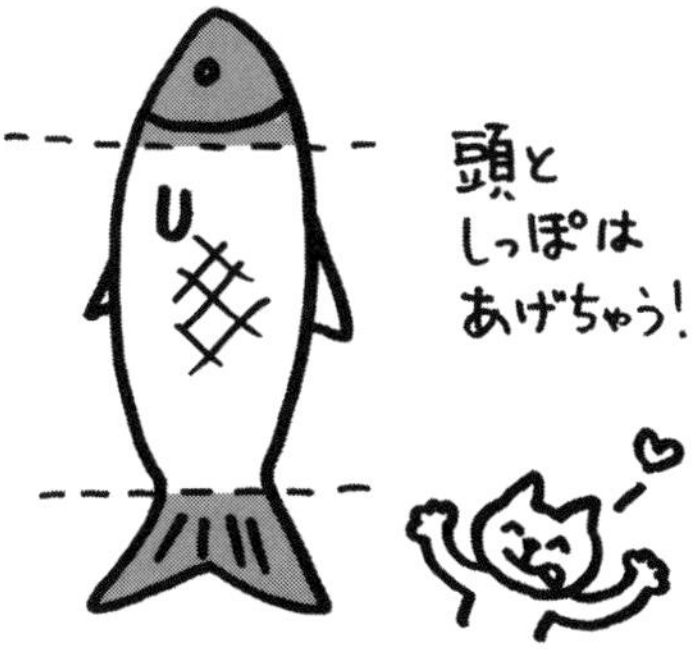

5 目標金額を決めておく

さて、最後は、目標とする投資収益と、投資期間を設定することです。投資収益は、投資した金額に対して得られる利益のことですね。

投資収益はいわばゴールのことですが、ゴールを設定しないことには投資する期間は決まりません。「目標くらいあるよ」と思った方も、注意してほしいことがあります。

◆目標は高く？

例えば、「明日までに2倍（100％）にしよう」は、かなり高いゴール設定ですよね。

仮に本日と明日に、ストップ高となっても届かない銘柄がほとんどです。そもそも2日連続でストップ高となる銘柄はそうそう見つかりません。

このケースでは、**「2倍」という投資収益の目標、もしくは「明日まで」という期間設定のどちらかに問題**があります。

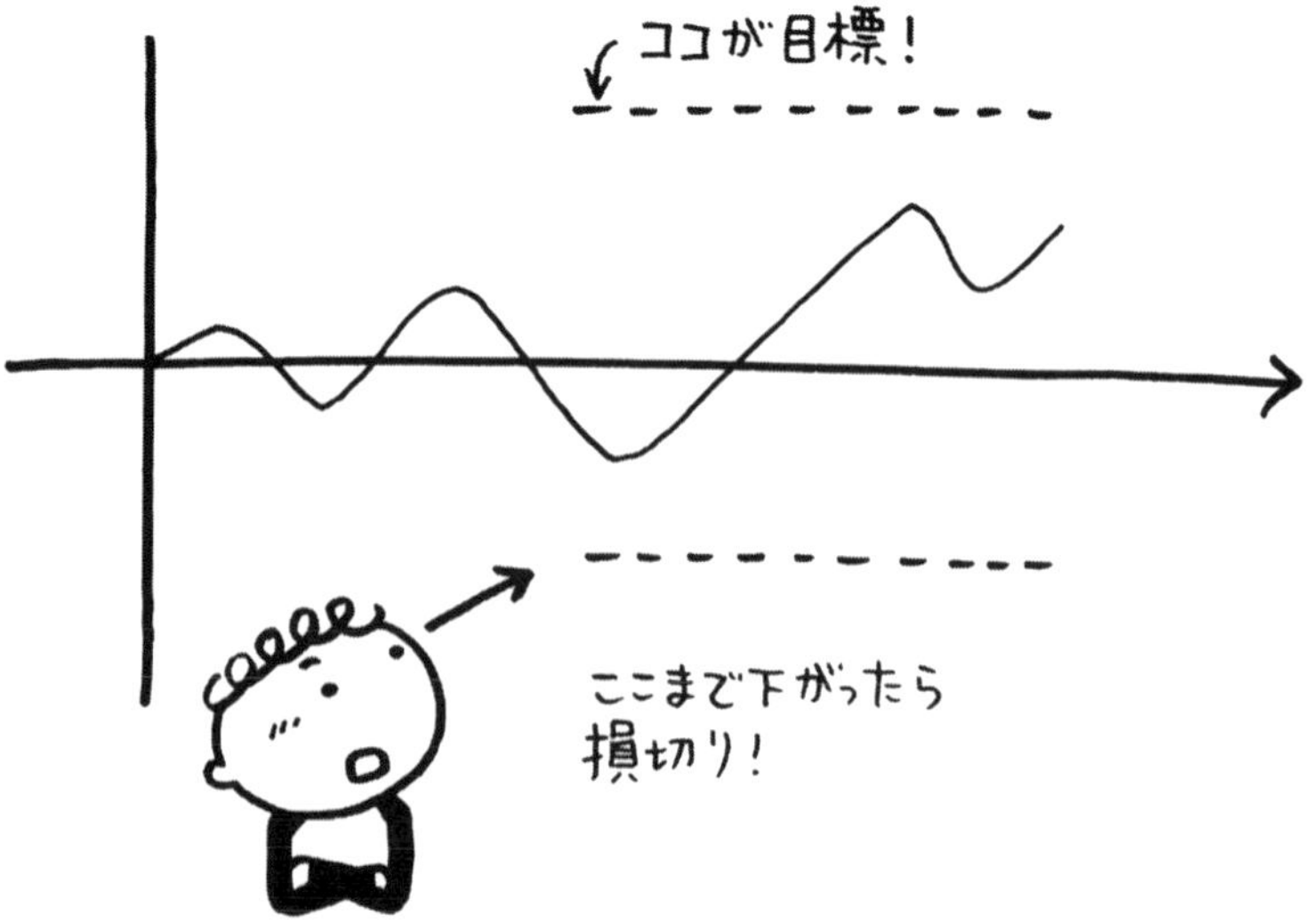

「1年間で100%」に変更すると、まだ実現できそうですね。もしくは「明日までに10%」なら、うまくいくかも……という気持ちになると思います。

明日までに2倍よりは断然現実的ですが、1年間で100%も明日までに10%もそんなに簡単に達成できる目標ではないんです。

このように高い目標だととるリスクも高くなってしまいます。

つまり、目標とする投資収益や投資期間を無理なく設定することが重要なのです。

◆目標によって見るチャートを変える

目標とする投資収益や投資期間によって、チェックするチャートも異なります。では、目標とする投資収益や投資期間を設定したら、どういったチャートを選ぶべきなのかをご説明します。

ここで言うチャートとは、5分足、日足、週足、月足、年足などを指します。

早い話、「明日までに投資収益10%」を目標とする人が、月足や年足を見ても、仕方ないわけです。短期決戦！ みたいな感じですからね。

察しの良い読者の皆さんは、期間が短い5分足チャートを使用するのが当然と思うかもしれません。実際、5分足チャートを見ると、始値が高かったのか、終わりにかけて上昇したのかなど、その日の方向性が手にとるようにわかります。

でも、たとえ短期で売買していても、その銘柄がこの1カ月間どういった動きをして、現在はどの水準にいるのかを把握するのも大切です。

本日上昇しても、実は25日移動平均線ではそうでもないかもしれませんし……。

少なくとも2種類、この場合では5分足と日足ですね。その期間のチャートを確認しましょう。目標が「1年間で１００％の投資収益を狙う」であれば、週足と月足あたりが最適です。

期間に応じて2種類以上のチャートを確認することが必要なのです。

◆期日をすぎたら？

注意事項が1点あります。「投資収益10％を明日以内」と設定したとき、翌日の投資収益が８％くらいでも、おそらく「まぁ、十分なパフォーマンス」と納得して利益を確定しまうのではないでしょうか。

しかし、翌日まで横ばい（プラスマイナス０）となった場合はどうでしょう？「ひょっとしたら明日上がるかもしれない」として保有し続けるかもしれませんね。

では最後に、翌日までにマイナス10％と逆に動いた場合はどうするでしょうか？マイナス10％は……きついですよね。「一度忘れて、しばらくぶりに見て上がっていたら売却しよう」なんて思ってしまうかもしれませんね。

個人差はあると思いますが、このような事態と対応は充分ありえることです。株式投資は心理戦ですので、自分自身の心理的な落としどころを探る必要があります。とりわけ、最後のパターンは、注意してほしい考え方です。まさに、塩漬け（放っておいているうちに、株価がどんどん下がってしまい、身動きがとれなくなること）の典型です。**その銘柄で失敗したのであれば、他の銘柄で挽回すれば良いと考えて、さっさと見切りをつけて売ったほうが絶対良いです。**これを損切りと言います。反対に、ずるずる持っていると、挽回のチャンスがなくなってしまう危険があるからです。

ですから、目標とする投資収益や投資期間を設定する際には、もう1つ、**株価が下がったときにどうするかを決めておきましょう。**

投資するお金が無限にあれば別ですが、貴重な投資資金を寝かすこと、つまり塩漬けで投資する機会を損失するのはもったいないですものね。ただ、上がると思って買った銘柄が大幅に下がってしまったら、冷静ではいられないと思います。だから前もって決めておくことが大切なのですね。

損失を確定するのは大変勇気がいることですが、この投資資金のコントロールできるかどうかが投資家として一段上にのぼれるかの大きなステップだと思います。

下がったときにどうするか、マイルールをつくって、投資資金のコントロールをしていきましょう！

コラム ○ 投資家が翻弄されるバブル相場とは？ ②

バブル相場はなぜくり返すのでしょうか？　それは人が投資しているからなのです。つまり投資家心理が大きな要因と考えられています。バブル相場が発生する際の投資家心理を大まかに、説明しましょう。

「株はまだまだ買い」→「少し下がっているからここは押し目狙い」→「そろそろ下げ止まるだろうから買い」→「あれ？」

という流れですね。「あれ？」のタイミングでは、莫大な損失を抱えてしまい身動きがとれない状態だと思います。80年代の土地バブルのときは、「地価が上がる→含み資産増加で株式市場に資金が流入→株価も上昇」

この流れをくり返したことで日経平均は終値ベースで38915円まで上昇しました。投資家のほとんどが株は上昇するものという錯覚に目がくらんでいたのでしょう。

バブル相場が発生する最大の要因は投資家心理なのです。ファンダメンタルズ、テクニカルも超越した上昇相場がバブルと言っても過言ではないでしょう。

バブル崩壊後は、それまでの狂乱相場の代償とも言えるような弱い経済が続きました。

こうした景気変動をくり返して経済は進んでいくのですが、何事も行きすぎはよくないですね。

投資家の心理が、バブル相場を引き起こしているんですね。

3時間目
もっと知りたい！
買い・売りサイン

もっと知りたい！買い・売りサイン

1 移動平均線をさらに賢く使ってみる

ここからは、もう一歩先へ進んだチャートの分析方法について説明していきますね。

◆ベストタイミングをつかめるMACD

まずは、移動平均線を応用した2つの線を使うMACDについて説明していきたいと思います。MACD（移動平均収束拡散手法）、マックディーと読みます。

MACDは、短期と中長期の移動平均線を両方使って、買いか売りかを判断する方法です。あれ？ 移動平均線のときのゴールデンクロスとデッドクロスと同じだと思った方は、察しが良いですね。だいたい、その通りです。

MACDは次のページのように表示されます。

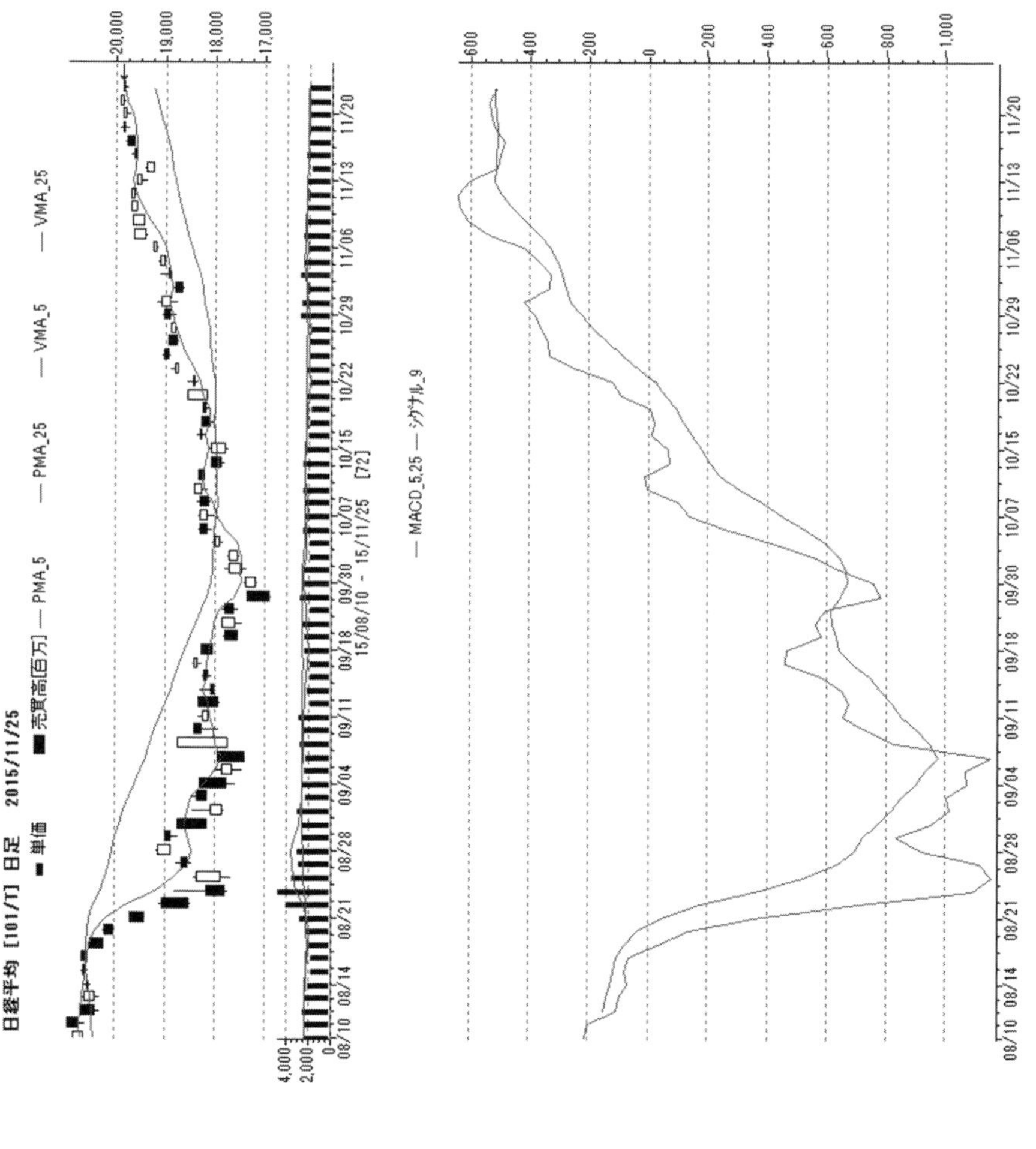
日経平均 [101/T] 日足 2015/11/25
単価
売買高[百万]
PMA_5
PMA_25
VMA_5
VMA_25
15/08/10 - 15/11/25 [72]
MACD_5,25
シグナル_9

ただ、ここで使用する移動平均線は、通常と違って、現在の価格をちょっと重視して計算されているんです。

では、ＭＡＣＤの見方について簡単にざっくりと説明しますね。

テクニカル名と同じＭＡＣＤという線と、通常と異なる移動平均線であるシグナルと呼ばれる２本の線の動きで、買いか売りかを判断します。

◆基本的な使い方

移動平均線を賢く使うための基本的な使い方を３段階に分けて説明しますね。

1．基本となる線である「ＭＡＣＤ」が右肩下がりで、移動平均線「シグナル」を下回っているとき、相場は**下落傾向**が強いのです。

2．その後、「ＭＡＣＤ」がなだらかになり、「シグナル」を上に抜けるとゴールデンクロスといっ

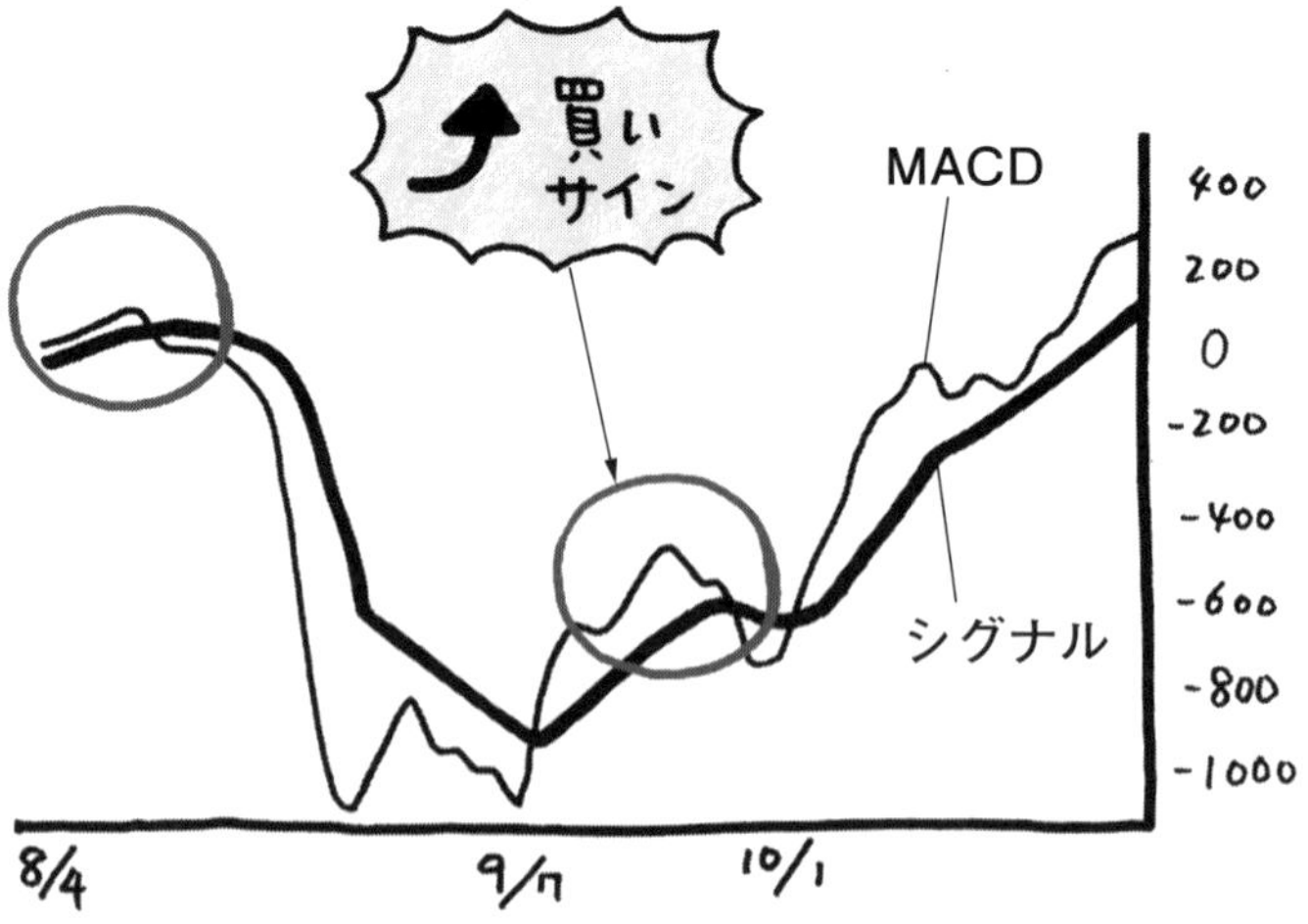

て**買いのタイミング**。ゴールデンクロスは、下落のあと反発して出る買いサインでしたね。

３．「ＭＡＣＤ」が右肩上がりで、「シグナル」を上回っているときは、相場が上昇傾向だと判断できます。その後、「ＭＡＣＤ」の上昇がなだらかになり、「シグナル」を下抜けるとデッドクロスといって**売りのタイミング**です。

なんだかゴールデンクロスとデッドクロスが早くわかるような気がしますよね。

ＭＡＣＤの特徴は、ゴールデンクロスとデッドクロスによる「買い」と「売り」を判断できるタイミングが、単純移動平均線と比べて格段に早くなることなんです。

相場の転換をより早く判断するのに有効なテクニカル指標と言えますね。

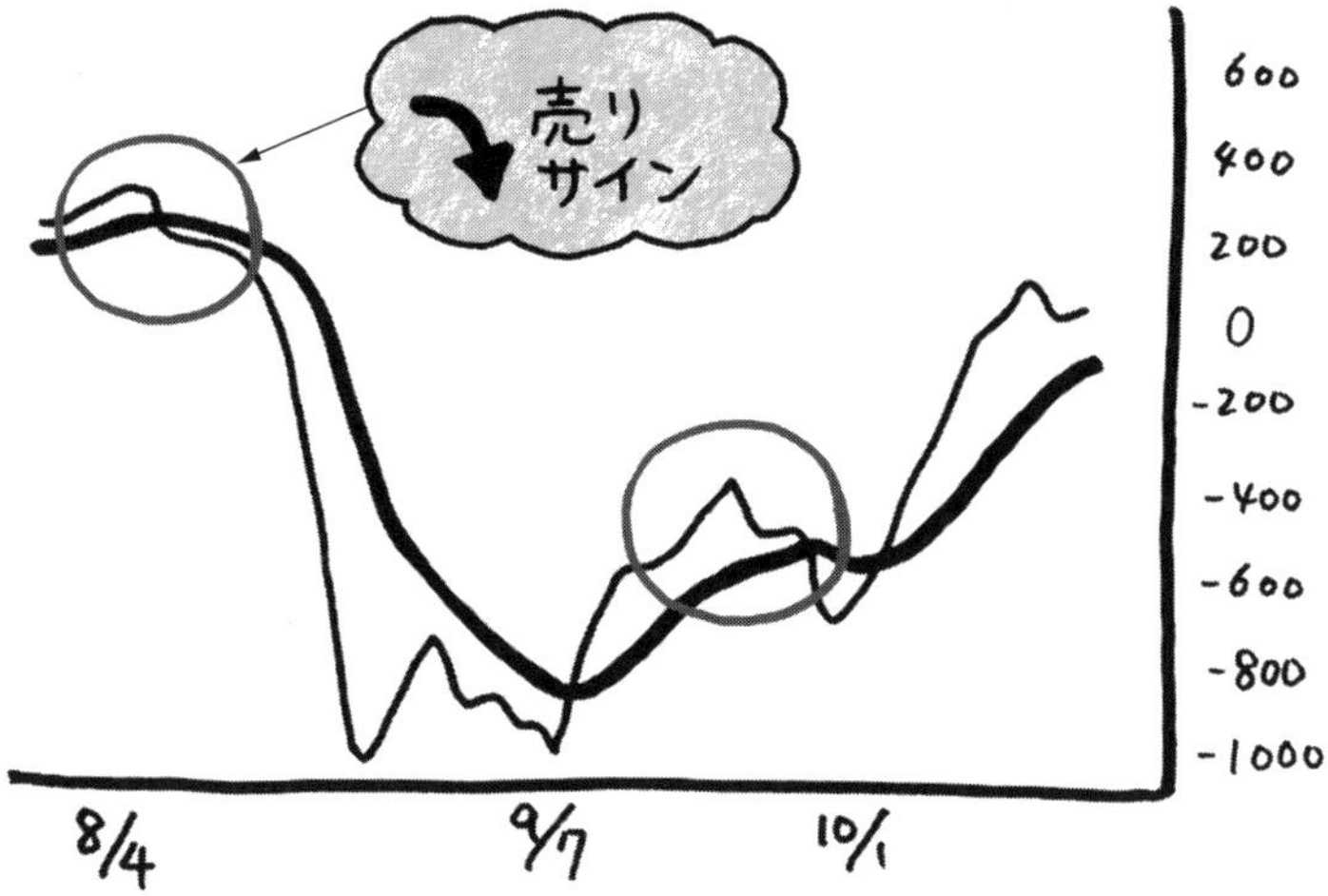

◆ゼロで信頼度をはかる

ところで、グラフの数値に「０（ゼロ）」があるのが気になりませんか？　この数値は、信頼度の水準です。

買いのタイミングとなったあとに、ＭＡＣＤとシグナルがともに「０」を上回れば、信頼度アップです。一方、売りのタイミングのあとに、ともに「０」を下回れば、これも信頼度アップです。

これはＭＡＣＤの計算方法を考えるとよくわかります。「短期の移動平均線」から「中長期の移動平均線」の値を引いたものなんです。短期の数値が強くないと、ゼロを上回ることができないので、より相場が強いと判断できます。反対に、下回るときは、短期の数値のほうが弱いときなので、より相場が弱いと判断できる、というわけですね。

◆棒グラフでわかりやすいヒストグラム

ヒストグラムは、棒グラフで、上昇傾向か下落傾向かをあらわしてくれます。とっても見やすいですね。ＭＡＣＤからシグナルをマイナスすることで算出されます。

ＭＡＣＤがシグナルより上でゴールデンクロスになった場合、つまり**買いサインの場合は、マイナス圏からプラス圏に**転じます。

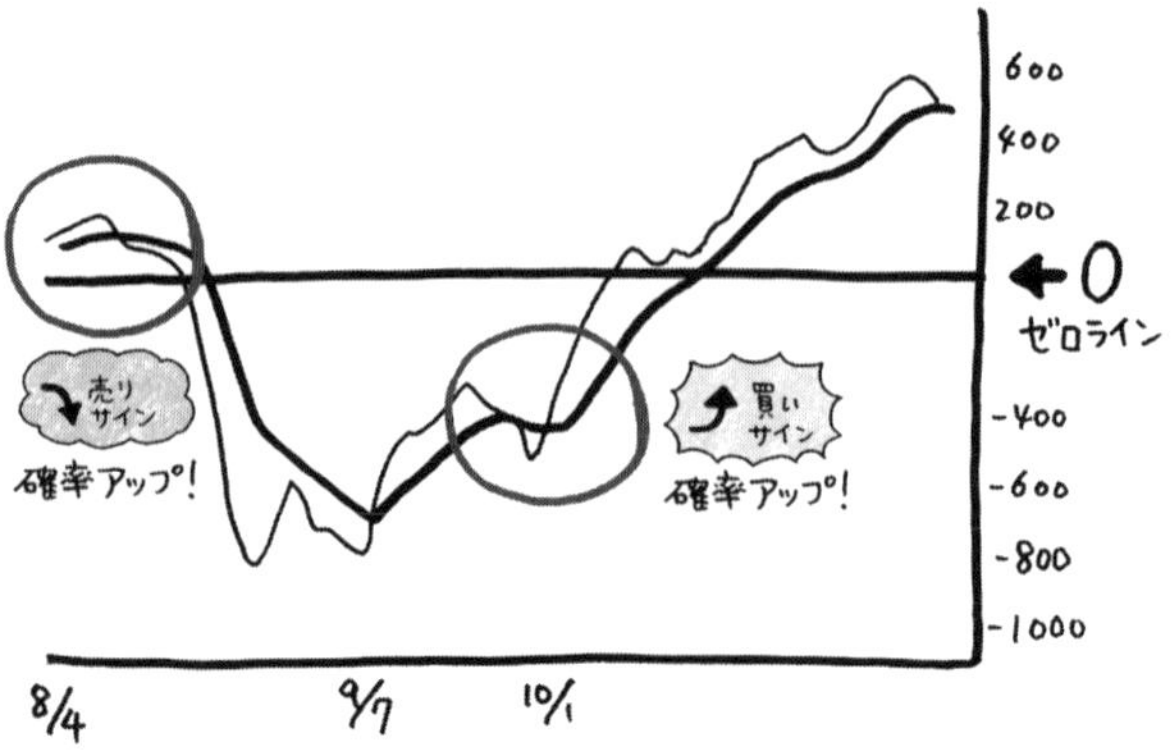

売りサインの場合は、プラス圏からマイナス圏に転じるということですね。

売り買いのサインが見つけやすいかと思います！

まず、ヒストグラムで状況を見て、ＭＡＣＤとシグナルの2本線の推移で、売り買いのサインを探すようにすると、良いと思います。

チェックポイント

・移動平均線よりも最近の値動きに敏感なのがＭＡＣＤ。
・計算式は参考程度で、覚えなくて良い。
・ＭＡＣＤは、ヒストグラムとあわせて見ると、わかりやすい。

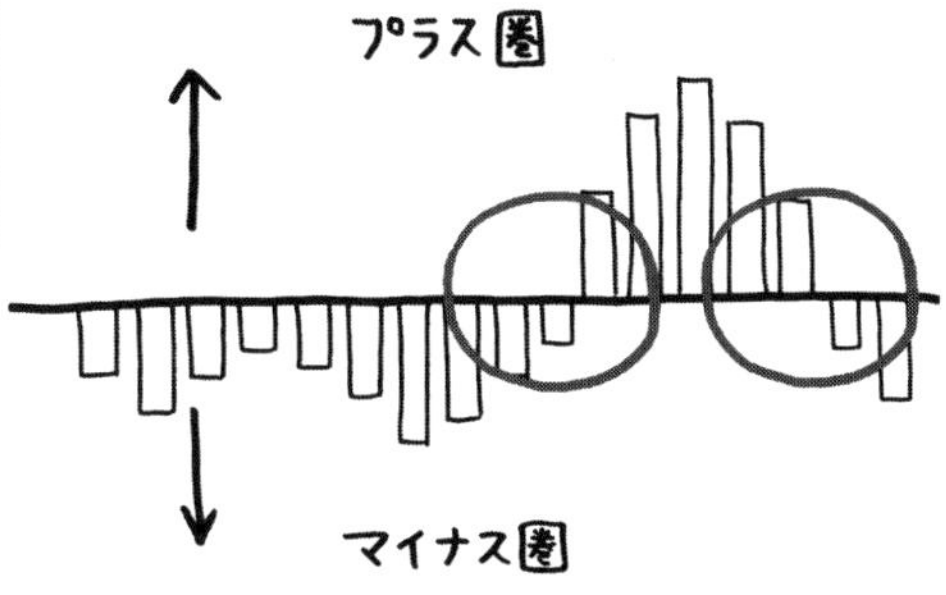

2 投資の世界にも偏差値―ボリンジャーバンド

皆さん、投資の世界にも偏差値があるって知っていましたか？

投資の世界では、「ボリンジャーバンド」と呼ばれています。

平均からどれくらい値動きにバラつきがあるかを標準偏差で算出し、**値動きの収まりやすい幅が一目でわかりやすくなっている**んですよ。

受験にたとえると、平均の偏差値50からの点数のバラつきを40から60などの範囲であらわしている、というイメージですね。

チャートでは、ある一定の確率で値動きが収まりやすい幅を「σ（シグマ）」と呼びます。

また、平均値から見て上の幅をプラス1σ、下の幅をマイナス1σと呼びます。これを2倍したプラス2σ・マイナス2σも表示されます。

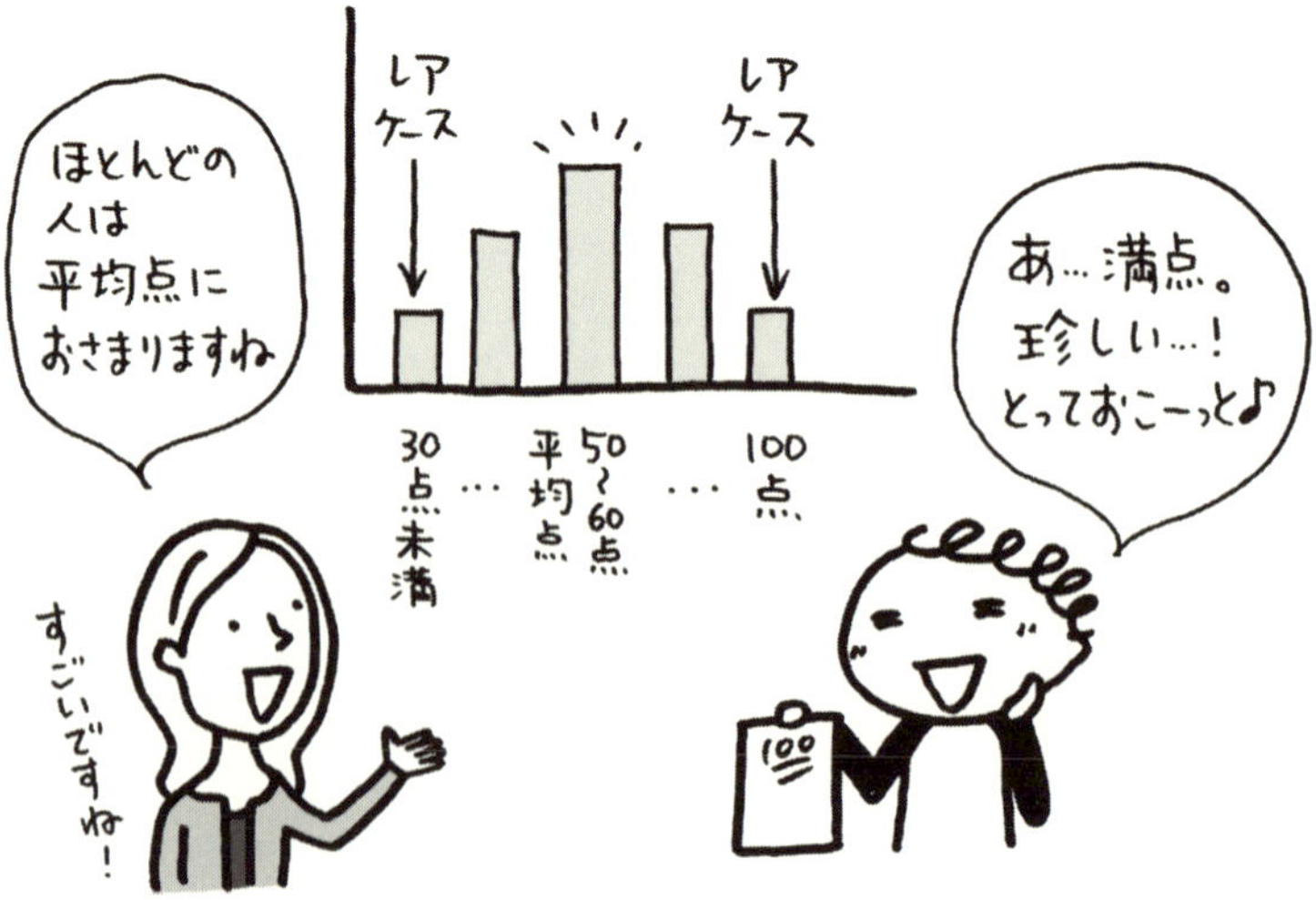

正規分布の理論によれば、このプラス1σからマイナス1σに収まる確率は約68%、プラス2σからマイナス2σに収まる確率は約95%です。

多くがプラス1σからマイナス1σに、また、ほとんどがプラス2σからマイナス2σに収まっているのですね。

そう考えると、プラスとマイナスの2σに達することは珍しいケースといえます。

◆使い方

ボリンジャーバンドの主な使い方は、**「プラス2σに近づいたら上昇しすぎなので売り」**、**「マイナス2σに近づいたら下落しすぎなので買い」**です。

ただ、先ほど説明したように、プラスマイナス2σに入らない可能性も5%ほどあるので注意は必要ですね。

つまり、ボリンジャーバンドは、上昇しすぎか下落しすぎかで判断するオシレーター系の要素を持っ

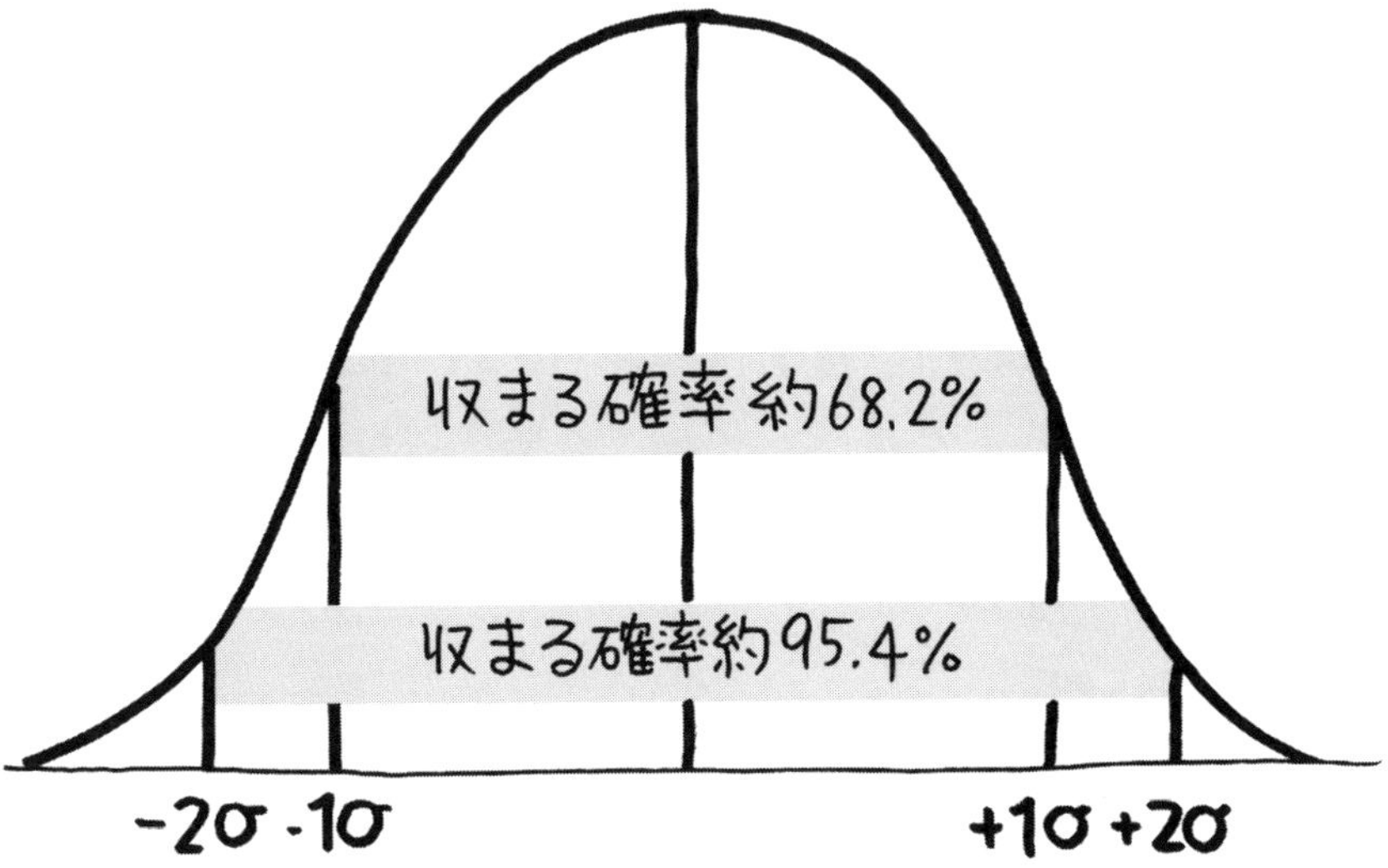

ています。

さらに、上昇傾向か下降傾向かで判断するトレンド系の要素も持ち合わせているんです！

そのまま上昇すると考えて、プラス２σ突破のタイミングで買うというトレンド系の判断もできます。

プラスマイナス２σにそった動きを見せるケースもあるからです。

どういったときにトレンドが優先されるかというと、バンドが狭くなった状態から一気に拡大したときに、よく見られます。相場の流れが変わる前兆かもしれないからです。

ボリンジャーバンドは、株価が一定の幅で動いているときはオシレーター系の判断で、バンドが拡大・縮小しはじめて動きがはっきりしてきた際はトレンド系と使い分ける必要があるのですね。

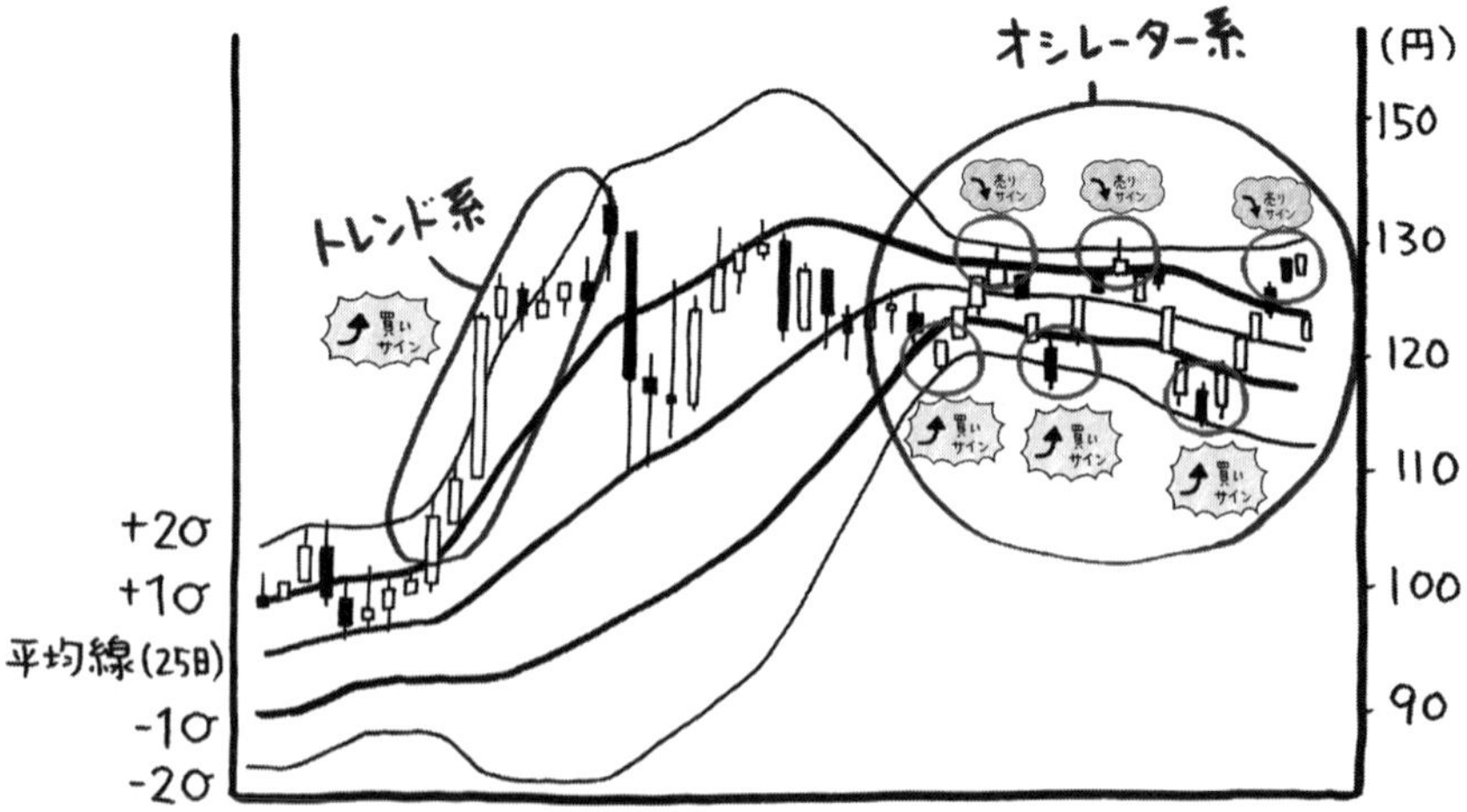

チェックポイント

・投資でのσは、値動きが収まりやすい幅をあらわす。
・普通は、プラス2σに近づいたら売りで、
マイナス2σに近づいたら買い。
・プラス（マイナス）2σを越えるような強い動きのときは、買い（売り）。

3 重ならないローソク足には、注目！

ほとんどのローソク足は一部分が重なり合いながら連なっていますが、まれにチャートにぽっかりと空間が出現することがあります。これを「窓（マド）」と言います。

よくニュースで「窓をともなう強い上昇が見られる」とか、「大きな窓をともなって急落」などといった表現を耳にします。

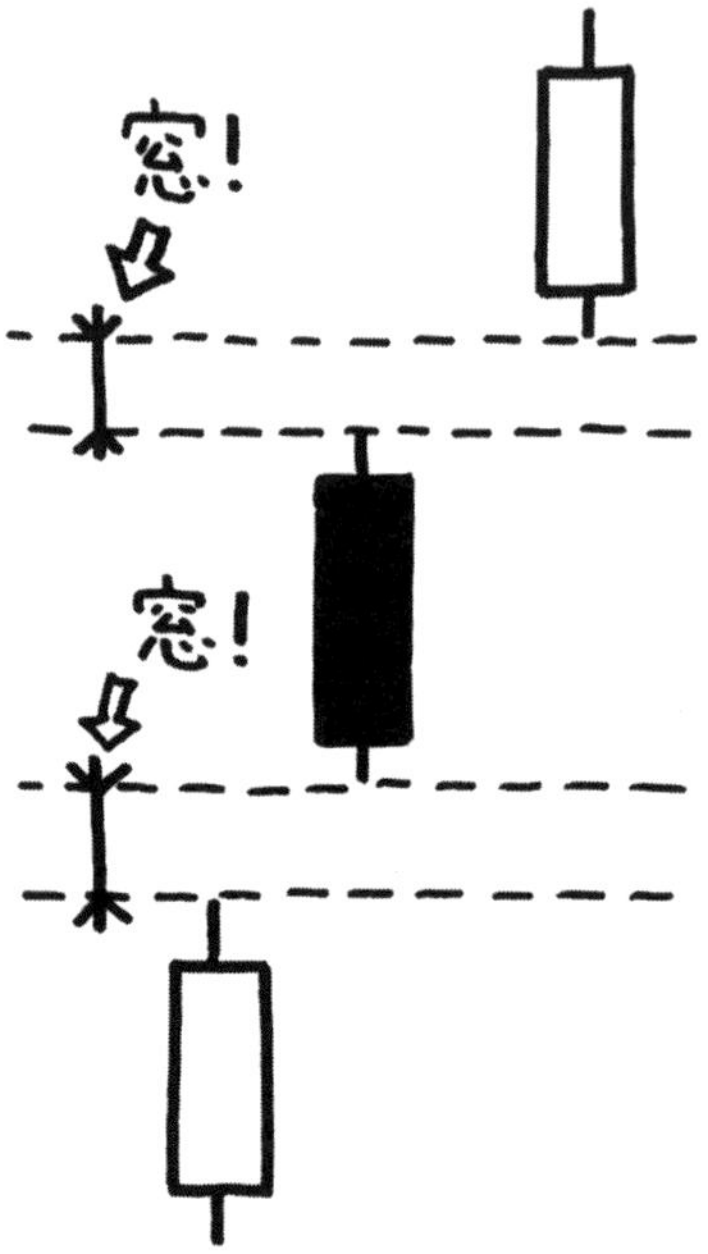

◆どうしてぽっかり穴が空くの？

では、なぜ窓が発生するかご説明しますね。

今回は東京株式市場をベースに考えます。東京株式市場が終わるのは15時です。そして、翌日開始するのは9時ですから、18時間も取引されない時間があるのです。

ちなみに**取引していない時間に、私は終値を見てその理由を分析したり、ニュースをチェック**したりしています。日本のマーケットでは、取引されていなくても、欧米では時差があるのでその間に欧米株は動いているんです。**日本株が取引されていない18時間の間に、さまざまなニュースが東京、ロンドン、ニューヨークとさまざまな場所で伝わります。**

経済指標の発表はもちろんですが、次の日の日本の株価に影響するようなニュースもありますよね。そうしたニュースの中には、ものすごい買いや売りの材料を秘めたものがたまにあります。

その影響で、翌日9時の取引開始時点で買いや売りが殺到し、窓が発生するのです。たとえばどういったニュースが影響するかというと、業績発表、画期的な新商品の発売、企業との業務提携や買収……さまざまあります。

とにかく、その日15時の時点で伝わっていない、とびっきりの売りや買いの材料が翌日の9時までに伝わると窓が発生するのです。売りのときは絶望的な材料ですね……。

◆窓が発生すると、新しい世界が開く

プラスに大きな材料か、マイナスに大きな材料があると窓が発生することはわかりましたよね。

窓が発生したあとに、発生した窓を埋めるような動きが見られることを「窓埋め」と言います。窓がキレイに埋まると「窓埋め完了」です。窓をつくるような相場の場合、勢いが強いことから、その後も上昇（下落）するケースが多く、しばらくは窓を開けたまま動き続けることが多いのです。まさに新しい世界ですね。窓を開けたまま上昇している間は、その株式を持っている投資家はハッピーですね。

ただ、買いがずっと続くわけではなく、いつかは買いが落ち着いて下がるものです。そうなった際、下値のメドと見られるのが窓となります。このとき、窓埋め完了となれば調整的な売りは落ち着いたと判断できます。

つまり、上昇の場合は、窓をともなった上昇→強い勢いで上げが継続→上げが落ち着いて売り（調整）→窓埋めを意識→窓埋め完了。これで1つの相場が終わることになります。

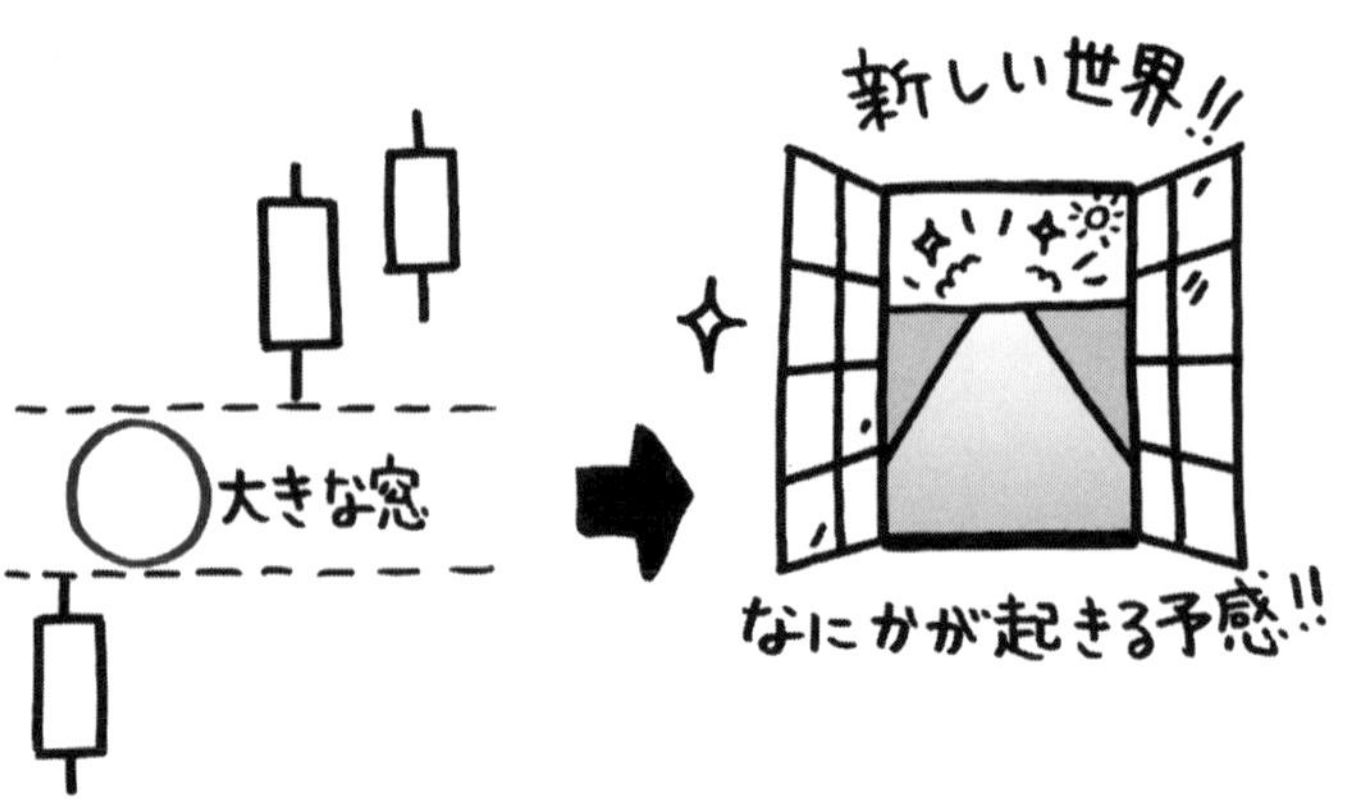

下落の場合は、この流れの逆です。期間は特に決まっていませんが、数日から数十日といったところでしょうか。

窓は強い勢いがあるところからできて、窓埋めはその勢いがなくなっていく、ということなのでイメージしやすいですね。

ただ、すべてがこのパターンとなるわけではありません。

例をあげて説明してみます。

まれにとても大きな窓、例えば始値から買い（売り）気配でスタートし、ストップ高（安）となるケースが発生した場合や、連続して窓が開いた場合などは、相場の大きな転換点を迎えたと判断するときもあります。

最初にご説明したパターンが短期的な新しい世界のはじまりとするのであれば、窓を埋めない上昇や下落は、中長期的な新しい世界のはじまりと考えたほうが良さそうですね。

チェックポイント

- ローソク足は、重ならないときもあって、その空間を窓と呼ぶ。
- 日本で取引されていない間も、株価は動くこともある。
- 窓が出現したら、今までの状況が大きく変わるかも！

コラム ○ 投資家が翻弄されるバブル相場とは？③

バブル経済に突入すると、賃金が上昇して、ものがよく売れます。多少高額な商品を購入しても賃金が上昇しますので、旺盛な消費意欲が景気を押し上げていきます。この流れがずっと続けば最高なんですが、そうはいきません。なんらかのきっかけ（例えば、国内の景気動向を判断するGDPが3カ月前に比べ伸び率が弱くなったとか……、要因はさまざまです）でバブルが崩壊してしまうと、景気は低迷局面に入ります。

こうした景気変動は、人々の投資スタンスに大きな影響を与えます。

例えば、30歳半ばの方は社会人生活でバブルを経験したことがないわけです。最近の若者が車など消費財を買わず倹約し自宅で過ごしがちとなった背景には、好景気を経験せず慎重なお金の使い方を身につけたからかもしれません。

一方、バブルを経験した40代半ばの社会人は豪快磊落な方が多くどちらかというと散財するケースが多いような気もします。個人の性格の差はもちろんありますが、過ごした時代によってお金の使い方、考え方は大きく変わるのでしょう。

また、すべての業種ではなく、80年代のバブル期は建設、不動産、金融などが活況でした。ITバブルのときは、その名の通りですがIT関連が盛り上がりました。すべての業種が横一列で景気が良くなることはまれなようです。

バブルの影響は、企業だけでなく、人へもありますね。

4時間目
専門家が教える チャートの組合せ

専門家が教える チャートの組合せ

1 基本の組合せは?

それでは具体的にどういった組合せが良いのか説明しますね。

3時間目までで、移動平均線、MACD、ボリンジャーバンド、出来高、RSI、ストキャスティクスを見てきました。これらのテクニカル分析から、**最高の組合せを教えちゃいます**。ですが、その前に、基本の組合せから! 基本は、「トレンド系+オシレーター系+出来高系」です。

◆機能で分類してみよう

まずは、これまで習ったテクニカル分析を、似たような効果を持つもので大まかに分類してみますね。

トレンド系・・・・移動平均線、MACD、ボリンジャーバンド

トレンド系では、方向性を確認することができます。つまり「上がっているのか、下がっているのか?」ということが一目でわかるんですね。

オシレーター系・・RSI、ストキャスティクス、ボリンジャーバンド

オシレーター系では、限られた期間の中の株価水準を確認することができます。つまり、「買われすぎているのか、売られすぎているのか?」がわかるんです。

出来高系・・・・・出来高

出来高系では、市場の人気度合いを確認できます。つまり、「投資家の関心が高いのか、低いのか?」がわかるんですよ。

あれ? と思った方がいると思いますが、ボリンジャーバンドは、トレンド系とオシレーター系のどちらにも分類されます。多くのテクニカル分析の中で、どちらの分析も可能なのは非常に珍しいです。

ボリンジャーバンドを使うと、現在は強いトレンドが出ているのか、それとも値動きの少ないボックス相場なのかを判断することができます。

◆チャートを見るとき、重要なのは?

そもそも、それぞれ単独で見ると、ダマされちゃう危険があるんでしたよね。

現在の相場が**売り買いの判断をして良いトレンドなのか、待ったほうが良いボックスなのか**を見極めることが重要なポイントとなります。

1つのテクニカル分析を見てトレンドがわかれば、売ったり買ったり判断できますよね。

しかし、1つのテクニカル分析では、サインが出てこなかったり、あいまいだったりすることもあります。

「サインがないから、ボックス相場だ」

こう言い切れるまでが難しいということですね。

ボックス相場が好きな投資家もいますが、大きな流れに乗ったトレンド系のトレードのほうがあくせく売買することなくゆったりとした投資ができます。

2 見ていく順番は?

◆まずはボリンジャーバンドで値幅を確かめる

ボックスかどうかを見極める方法が、先ほどお伝えした組合せなんです。

まずはボリンジャーバンドで、値幅の動きが狭いのか広いのか確かめてください。

ここで値幅の動きが広がっているのであれば、トレンドがあると言えます。

もし、狭い値幅で推移している場合は、ボックス相場ですね。

ここで売買して利益が確保できると判断できたら、マイナス2σで買ってプラス2σで売るというシンプルなスタンスとなります（88ページ参照）。

◆悩む場合は、ほかのオシレーター系で

ボックス相場かもと思って待ったほうが良いかどうかまだ悩む場合は、そのほかのオシレーター系の出番です。こういうときは、**RSI、ストキャスティクスといったオシレーター系の分析手法**が効果的なんです（42ページ参照）。

株価の値動きが狭い分、大きな値幅をとることは難しいかもしれませんが、売買をくり返すことで利益を積み重ねることができます。

◆最後に出来高・MACDを確認してかためる

ボックス相場の特徴に、**出来高はさほど増加しないということがあります**。

単調な動きが続きますと、投資家の関心が薄れがちだからです。そして、MACDは緩やかな下落の中、方向性を失い、明確な売買サインは見られなくなります。

3 どうしてボリンジャーバンド＋MACD＋出来高の3つなの？

これらの分析手法の中で私がオススメする組合せはたった1つ、これだけ覚えてください。**「ボリンジャーバンド＋MACD＋出来高」です。**

ボックス相場が終わりを迎えるタイミングを見極めるときに、その理由がわかります。

◆ボックス相場が終わるかどうかを予測したい！

先ほどと同じように、まずボリンジャーバンドを見てください。**狭いバンドが急拡大するとき**には、プラス2σにそった上昇が見られるんです。バンド・ブレイクアウトですね。

このタイミングが、ボックス相場が終わった瞬間です。

出来高が増加しているかも確認してくださいね。

増加する理由は、これまでのボックス相場で関心を失っていた投資家が、トレンド発生のタイミングで動き出すからです。先ほどのボックス相場の見極め方とは逆ですね。

また、ボックス相場の上限（プラス2σ）で下がることを予想していた投資家が、空売り（信用取引）を使うケースもあります。

予想に反して株価が上に動きだすと、空売りを入れていた投資家は損失を最小限におさえるために買戻します。つまり買うわけです。

信用取引は、通常よりも多くの投資資金で売買できるからです。しかも、買うときだけではなく、売るときも使えます。つまり、下がりそうだと感じた銘柄があったら、先に売っておいて、想定通り下がった局面で買戻すのです。すると、その差が利益となりますよね。例えば、500円で売って、300円で買戻せば、200円の利益を出すことができるんです。こうした売買が入ることから出来高は増加するのです。

◆RSIやストキャスティクスは機能しない危険が……

ボックス相場が終わりを迎えてトレンドが発生すると、RSIやストキャスティクスは高い水準に張り付いてしまい、ほぼ機能しない状況となります。

そして、ボックス相場で静かだったMACDは低い水準でようやく買いサインを点灯させます。ゼロラインをクリアするまで時間がかかることから、ダマシには気をつけなくてはいけませんが。しかし、RSIやストキャスティクスでは、トレンドの有無を見極めることはできません。そこで、私がオススメする組合せは、ボリンジャーバンドにMACDと出来高の3つなんです。具体的な分析の流れは、5時間目で勉強していきましょう！

チェックポイント

・「ボリンジャーバンド＋MACD＋出来高」のチャートでダマシ対策！

コラム ○ 投資家が翻弄されるバブル相場とは？④

これまで世界中で発生したバブルについても少しご紹介します。世界初のバブルと言われているのは、1600年辺りで発生したチューリップバブルです。あの花のチューリップです。

厳密に言いますとチューリップの球根なんです。

オランダでは当時チューリップの球根が高値で取引されていました。チューリップは短期間に増やすことが難しいことで品薄状態が発生しやすかったようですが、珍しい品種などが投機（投資とは異なり全財産を賭けるといった博打に近い行い）のターゲットとなったみたいですね。

チューリップバブルの背景はほとんど解明されていません。とにかく需要と供給の関係、つまり売り買いのバランスを逸脱し、植物愛好家や投資家・投機家だけではなく庶民も巻きこんでの大相場が発生していたようです。

多くの人が熱狂した結果、チューリップバブルは突然終わりを迎えました。どういったタイミングでバブルが崩壊したのかとても興味深いですね。400年以上も前の話ですので史料が乏しいのですが、人の欲はいつの時代もコントロール不能ということでしょうかね。

一般の方を巻き込んだチューリップバブルは、大きくふくれました。

5時間目
買い OR 売り？
予測してみよう

買い ＯＲ 売り？ 予測してみよう

1 日経平均を分析してみよう

◆問題

それでは、4時間目でご説明した内容を意識して実際にチャートを見てみましょう。5時間目では、わかりやすいように数年単位の長期投資のチャートで問題を出しますが、数カ月単位の投資でも同じように考えてくださいね。

では、いよいよ実践です！ まずは日経平均株価ですよ。こちらの期間は「１９８５年から１９８９年」です。いわゆるバブル全盛という時期です。まずはこのチャートを確認したあと、今後日経平均がどういった動きになるか考えてみてください。

◆ヒント

ヒントは、出来高の増減です。いつ出来高が増加し、その後、出来高がどうなったかを見ていくと、上がるか、下がるか、もみ合うのかがわかるかと思います。

まずは、ボリンジャーバンドとＭＡＣＤのサインを見つけてくださいね。

【日経平均 1985-1989 年】

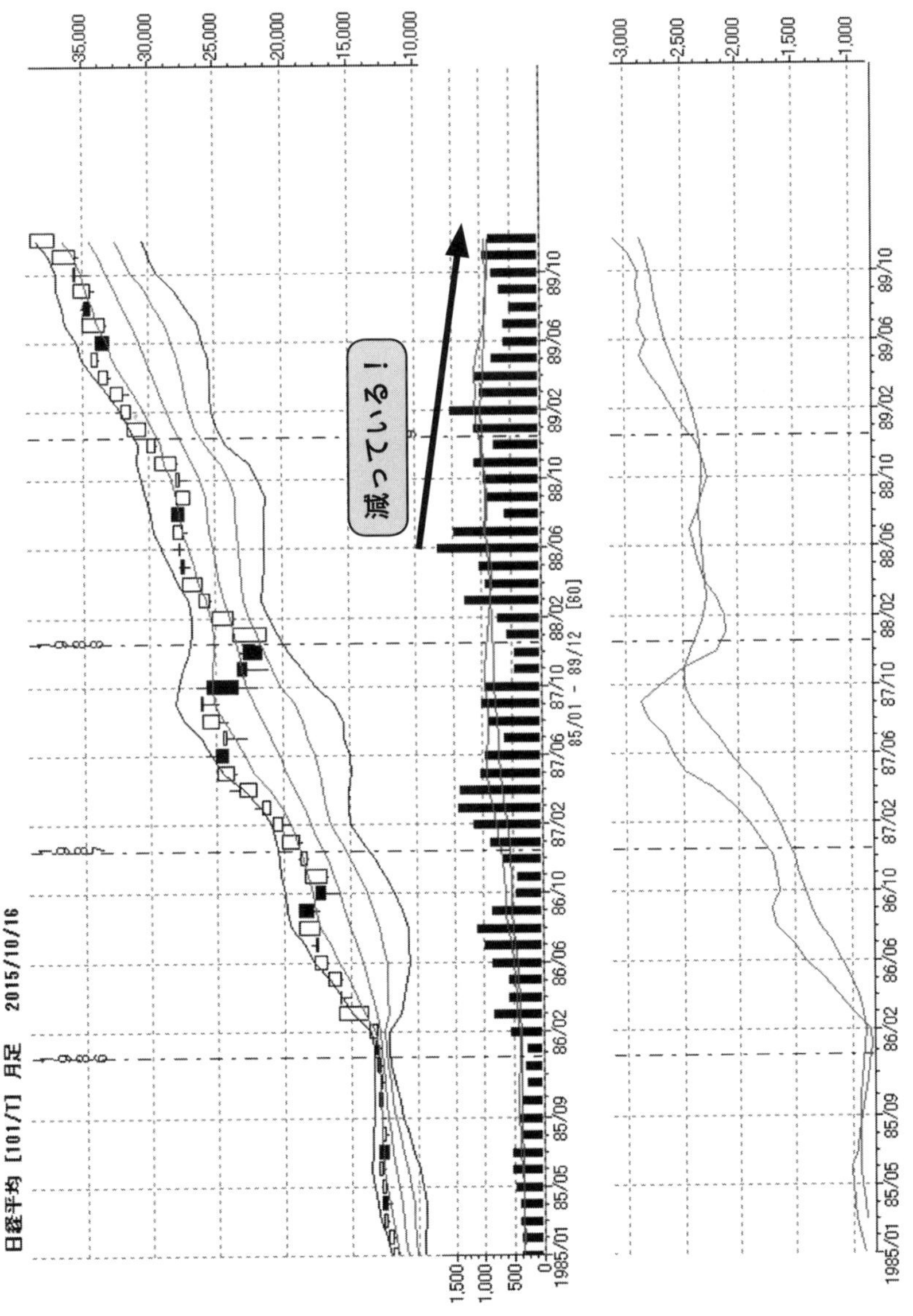

◆答え　売りサイン

答えは「1990年から1994年」のチャートの通りです。

日経平均は真っ逆さまですね。

問題ページの「1985年から1989年」では、ボリンジャーバンドの拡大するプラス2σにそった**バンド・ブレイクアウト**が1986年からほぼ続いています。一方、MACDでは1987年から1988年にかけて**MACDとシグナルがもみ合う**場面がありますが、どちらもゼロラインより上で推移する強い動きとなっています。ただ、出来高は1988年6月をピークに減少していますね。

ここから読みとれることは、**ボリンジャーバンド、MACDでは買いサインが点灯しているものの、出来高をともなった上昇は見られない**ということです。

参加者が減少しているということは、「おっかなびっくりの投資家が増加」。つまり、高値への警戒感が意識されているのです。

こうした状況はきっかけ1つできつい下げとなるケースが多いわけで、案の定、1990年からはきつい下げ相場がスタートです。ボリンジャーバンドではバンドが収束する間もなく、拡大するマイナス2σにそったバンド・ブレイクアウトが発生（①）。MACDも真っ逆さまです（②）。1991年2月に商いをともなった反発でボリンジャーバンドは収束（③）しましたが、MACDはシグナルを下回ったまま。結局、日経平均は1992年から一段安で下への動きを強め安値圏でのもみ合いとなりました。

【日経平均 1990-1994年】

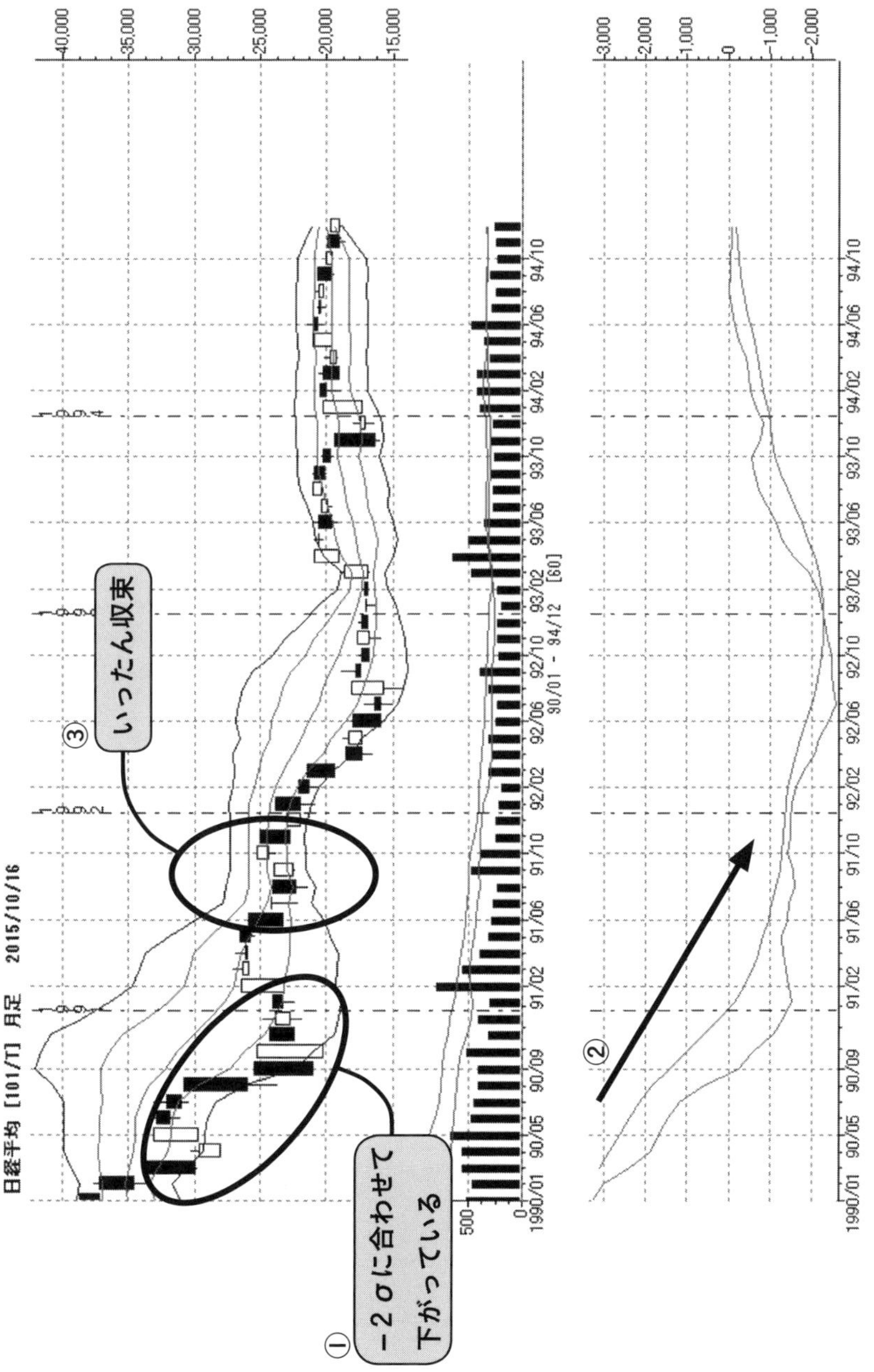

◆復習

復習もかねて「１９９５年から２００４年」のチャートを見ておきましょう。

１９９５年夏場に反発した日経平均は、１９９６年7月まで上昇しました。ただ、ボリンジャーバンドではプラス２σに到達していません（①）ので、想定よりも上昇のエネルギーは小さく、その後は右肩下がりの展開となっています。

ＭＡＣＤを見ますと、１９９６年年末に売りサイン（②）があらわれたあとは、１９９９年1月まで下向きです。

この間の出来高に関して目立った動きは見られません（③）。

日経平均は１９９９年3月に再度反発しました。このときは、ＭＡＣＤでも買いサイン、ボリンジャーバンドでもプラス２σにそった強い動き（④）が見られます。

ただ、出来高がさほど増加しなかった（⑤）ことで、１９９６年高値をクリアすることができず、２０００年に失速。その後は下値模索の展開となりました。

【日経平均 1995-2004 年】

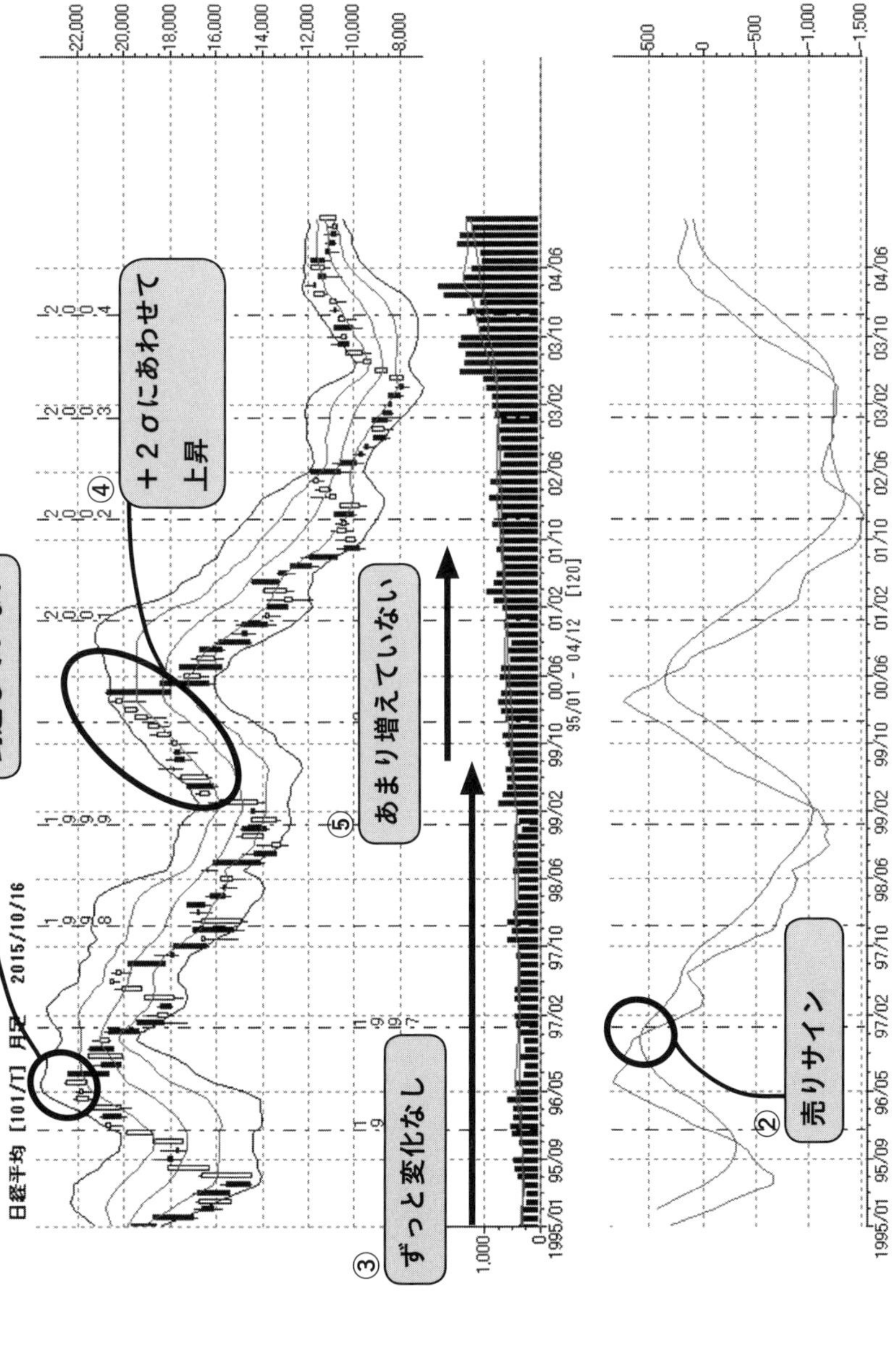

2 ドル・円の分析をしてみよう

◆問題

では、続いて為替です。最もポピュラーな通貨であるドルを見ていきましょう。為替市場では出来高は算出しにくいので掲載していません。

出来高を掲載していないのは、先ほどの日経平均株価とは大きな違いです。こちらの期間は「1997年から2001年」です。それでは、買いか売りかを考えてみましょう。

◆ヒント

ヒントはローソク足です。のちほどその意味がわかりますので、まずは順番に見ていきましょう。

【為替（円ドル）1997-2001 年】

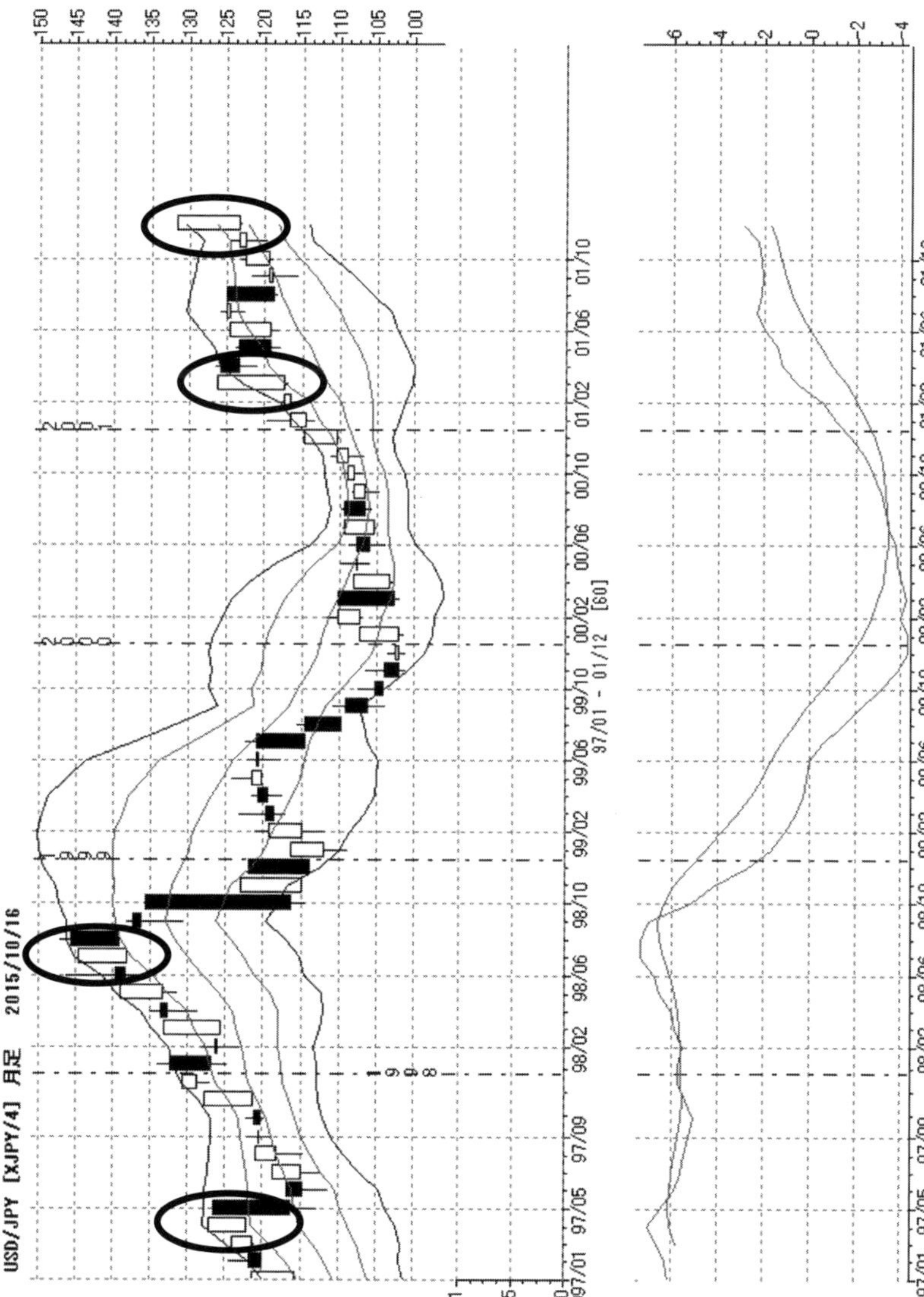

◆答え　売りサイン

2001年にかけて上への動きを強めています。ボリンジャーバンドはプラス2σを推移しているほか、MACDではともにゼロラインを上抜けており、はっきりとした買いサインが点灯……。ですが、2002年2月以降、ドル・円は真っ逆さまです。

これは、実はローソク足の特徴で読みとることができるのです。

「1997年から2001年」のチャートを、もう一度ご覧ください。

特徴が出ているのに気づきましたか？　1997年5月、1998年10月、2001年3月……これまでとは逆の動きをしています。

陰線の中でもとりわけ大きい陰線（大陰線）もしくは反対の大陽線を残した翌月は、下げ渋るか反発するなど、これまでとは逆の動きを示しているケースが多いのです。

1997年5月の大陰線の翌月は、下ひげの小陰線（下げ渋り）、1998年10月の大陰線の翌月は陽線（反発）、2001年3月の大陽線の次月は陰線（反落）です。

そして、この3つのパターンはすべてボリンジャーバンドのプラスマイナス2σレベルに接近しての大陰線なのです。

たしかにプラスマイナス2σレベルに接近した陽線ですね！

こういったパターンを考慮すると、2001年12月の大陽線はボリンジャーバンドのプラス2σを捉えていますので、その後は反落する可能性が高いという見方ができるわけなのです。転換点をつかまえることができれば投資にも有利ですね。

【為替（円ドル）2002-2006 年】

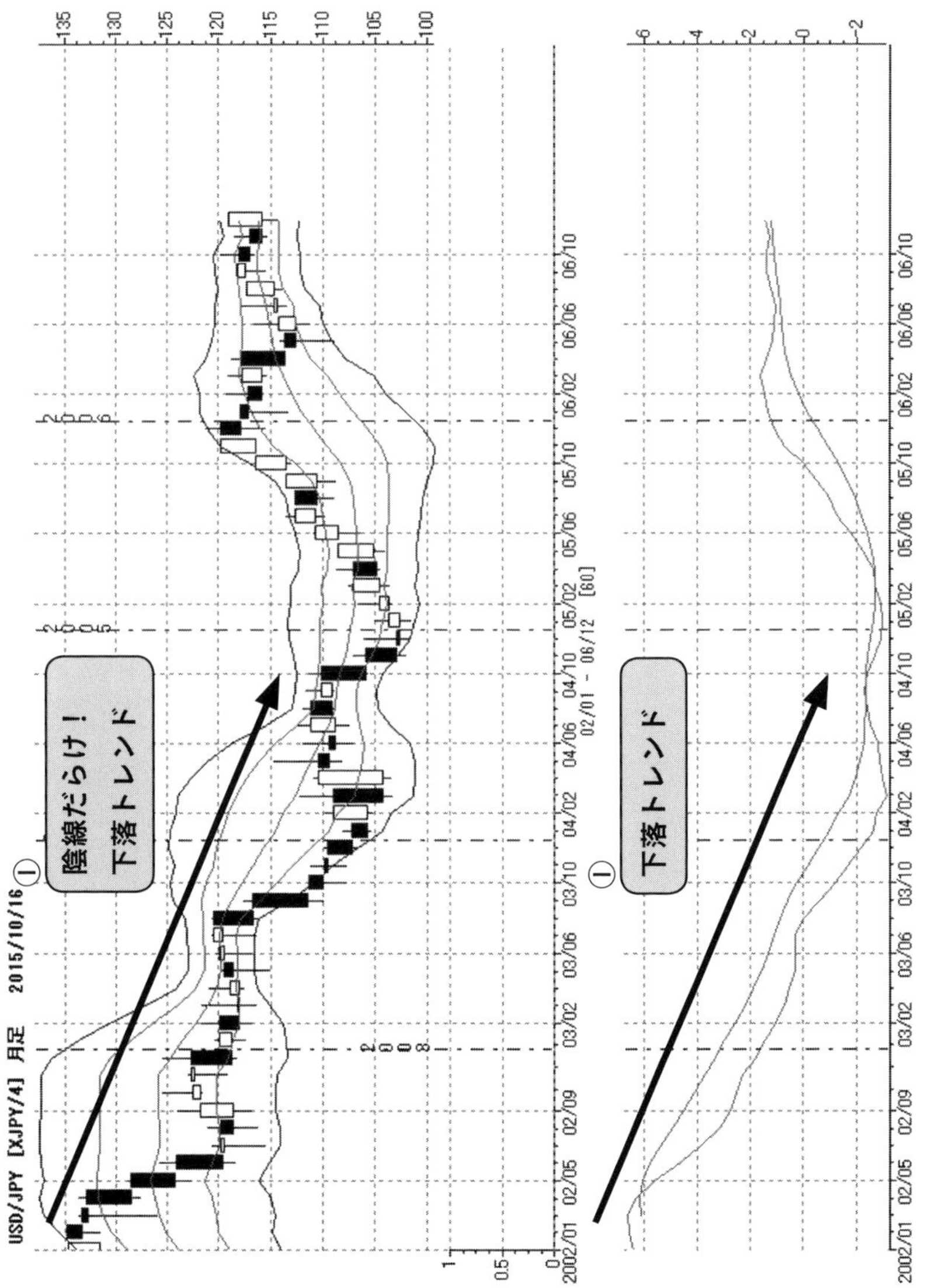

◆復習

では、その先の期間である「2007年から2011年」のチャートも復習しておきましょう。

2007年のドル・円はボリンジャーバンドのプラス2σあたりを推移していますが、MACDは横ばい（①）です。手掛け難い状況となったあとは陰線連発（②）で右肩下がりの展開となっています。ボリンジャーバンドを見てみますと……2007年7月以降、プラス2σに接近していません。

これはかなり珍しい下げ相場と言えますね。ですが、しっかり落ち着いて見ていけば、予測することができます。その間のMACDを冷静に見てみてください。売りサイン（③）が長らく点灯したあとは、ともにゼロラインを大きく下回る水準でのもみ合いとなっています。

2009年の春以降はローソク足も徐々に小さくなっています。

これはなにか材料があって、ダイナミックに動く地合いではなくなったことなどを示唆しています。トレンド転換待ちで、投資家は様子見姿勢を強めている様子（④）がこのチャートからは伝わりますね。

【為替（円ドル）2007-2011 年】

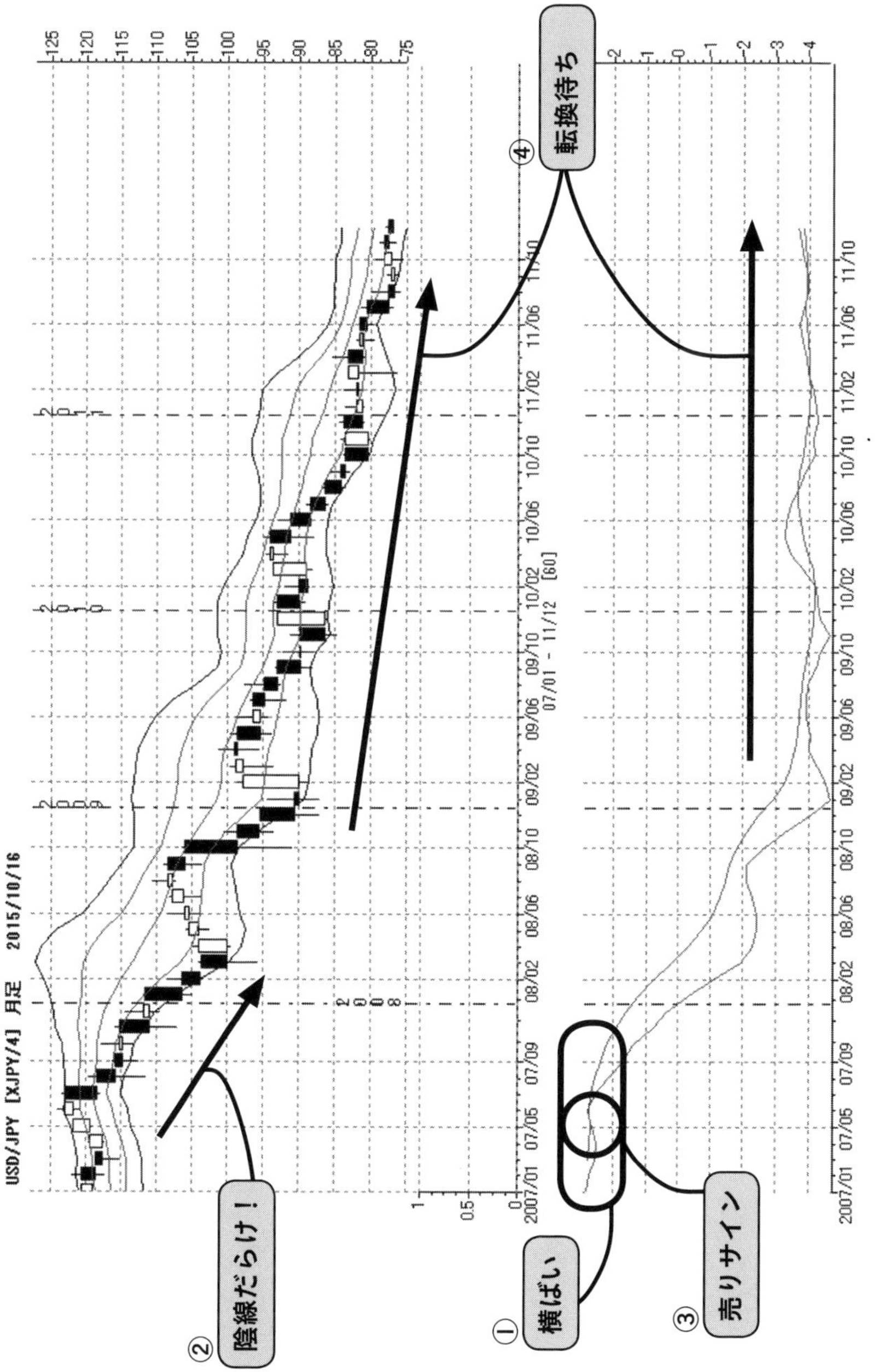

3 トヨタを分析してみよう

◆問題

それでは日本を代表する企業であるトヨタのチャートを読み解いていきましょう。難しそうに見えますが、ここまで読み進めてくださった皆さんなら大丈夫。一緒に丁寧に見ていきましょう。買いか売りかを判断してみてください。

◆ヒント

こちらの期間は「１９８５年から１９８９年」ですので、はじめの日経平均と同じ期間です。ヒントは上値の動向です。

１９８５年はボリンジャーバンドのマイナス２σを推移するさえない展開です。出来高も横ばい推移でまったく市場の関心が向かっていない状況ですが、１９８６年４月に大陽線があらわれて、様相は一変していますね？

【トヨタ 1985-1989 年】

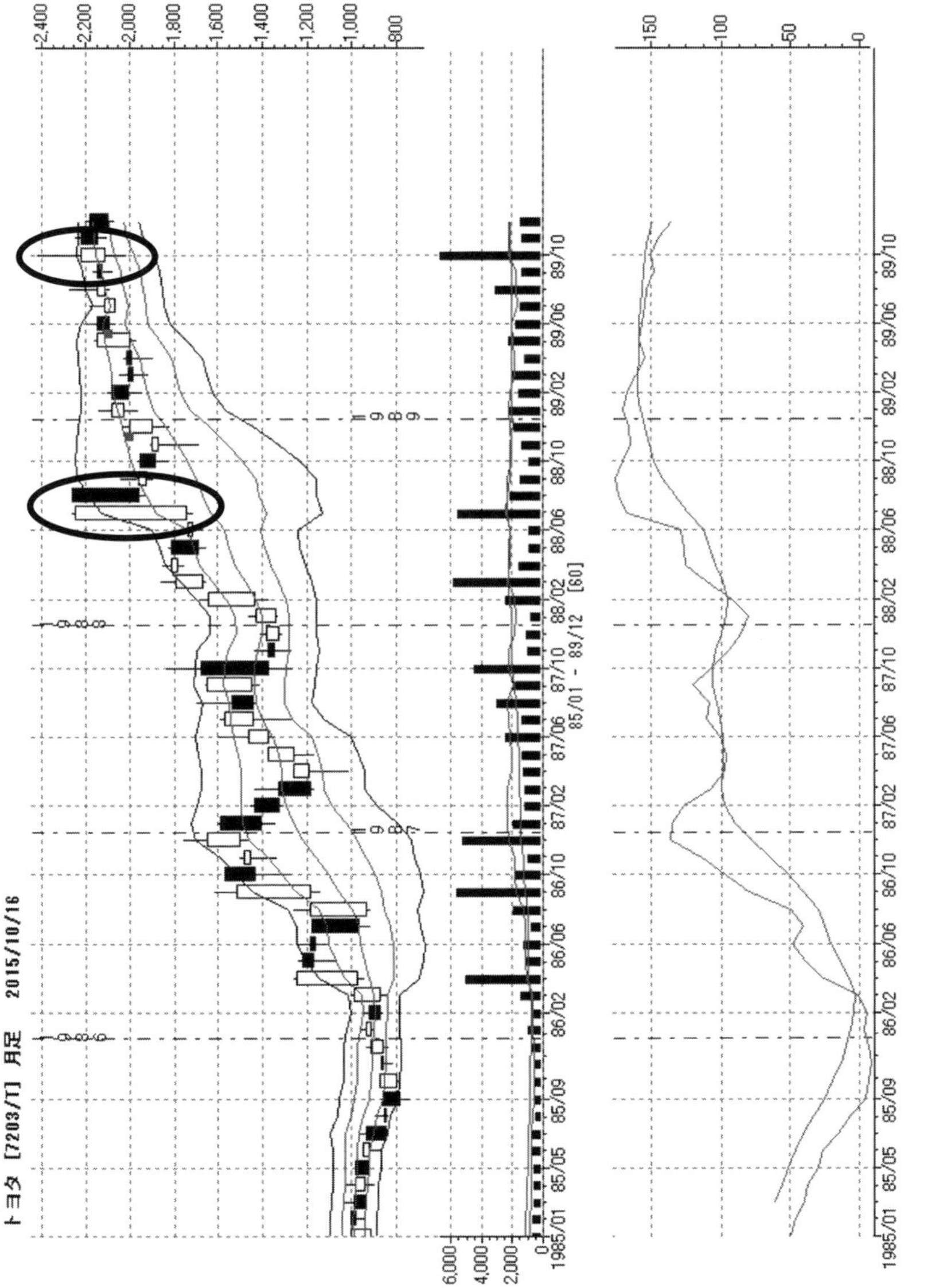

◆答え　売りサイン

出来高は急増し、ＭＡＣＤもゼロラインを大きく上放れ買いサイン点灯です。１９８６年は年末までＭＡＣＤは買いサインが点灯しました。

その後は、１９８７年は横ばい推移のボリンジャーバンドの中でのもみ合いとなっています。ＭＡＣＤも方向感がつかめない状況でしたが、１９８８年３月以降は右肩上がりの株価動向となりました。

株価は１９８６年から下値を切り上げるしっかりとした推移が見られます。一方、上値はどうでしょうか？

１９８８年につけた高値を上回る動きが１９８９年10月に見られましたが、瞬間的ですね。つまり上値は徐々に重くなっているということです。

出来高はどうでしょうか？

１９８９年10月に急増した以外、商いは低迷ですね。ボリンジャーバンドは収束、ＭＡＣＤはサインを下回っています。

この流れは「そろそろ売りを警戒」といった投資家が多い状況を示唆しています。私が最初に「答え」だと言った「１９９０年から１９９４年」のチャートでは、ボリンジャーバンド、ＭＡＣＤが綺麗な動きを示していますね。

まさに下落トレンド（①）↓もみ合い（②）↓上昇トレンド（③）の流れですね。

【トヨタ 1990-1994 年】

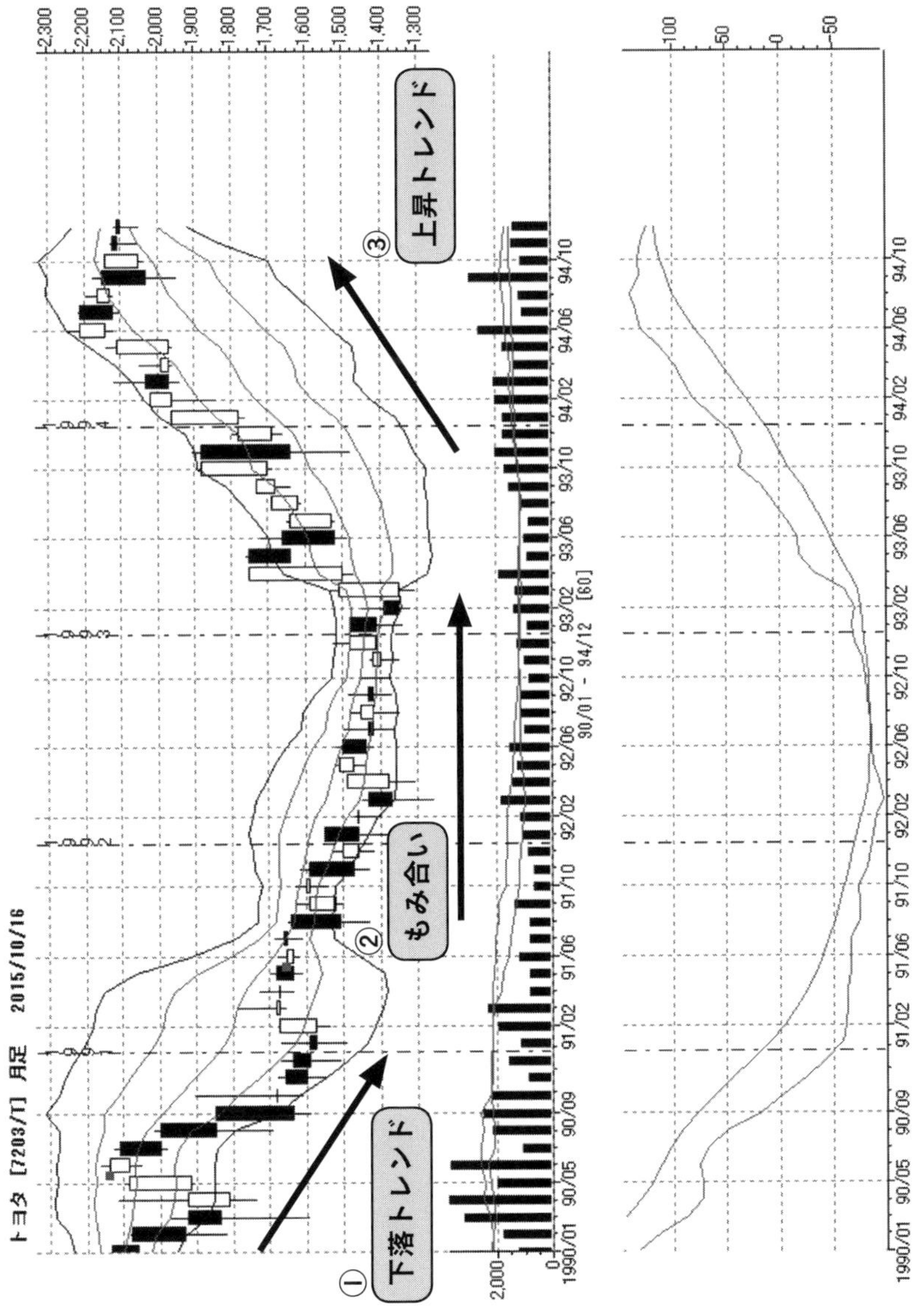

◆業績も見てみよう

2000年から2008年にかけては営業利益が順調に増加して、営業利益率も上昇傾向にありますね。順調な成長を続ける中、株価も上昇基調にあることがわかります。特に株価の上昇の勢いが強い2006年、2007年を見ますと、営業利益が2兆円乗せのタイミングになります。順調な成長を続ける中で大台乗せとなると、市場評価も高まりやすいですよね。

次に、営業赤字が5000億円を超えているのに注目してください。株価も下落傾向が強まりますよね。その下落の兆候をあらわしていたのが、営業利益率です。2007年3月期の営業利益率が9・34％だったのに対して、2008年3月期は8・63％に低下しています。それ以前を見ても、営業増益基調の中でも、利益率が低下する局面においては、いったんは利益確定と見られる動きにつながっていますね。

そして次に重要な点は、営業赤字転落後の回復局面。2010年3月期に営業黒字に回復すると、ボトムを形成し、その後はしばらくこう着相場が続いていましたが、利益が急拡大した2013年3月期から上昇基調が強まっています。

現在の営業利益を見てみますと、営業最高益ながらも営業利益率はほぼ横ばい推移を見せています。過去の経緯を見ると、現在の調整は想定されていた動きではないでしょうか。

長期的な株価推移と営業利益・営業利益率の推移のつながりを見ていると本当に勉強になります。

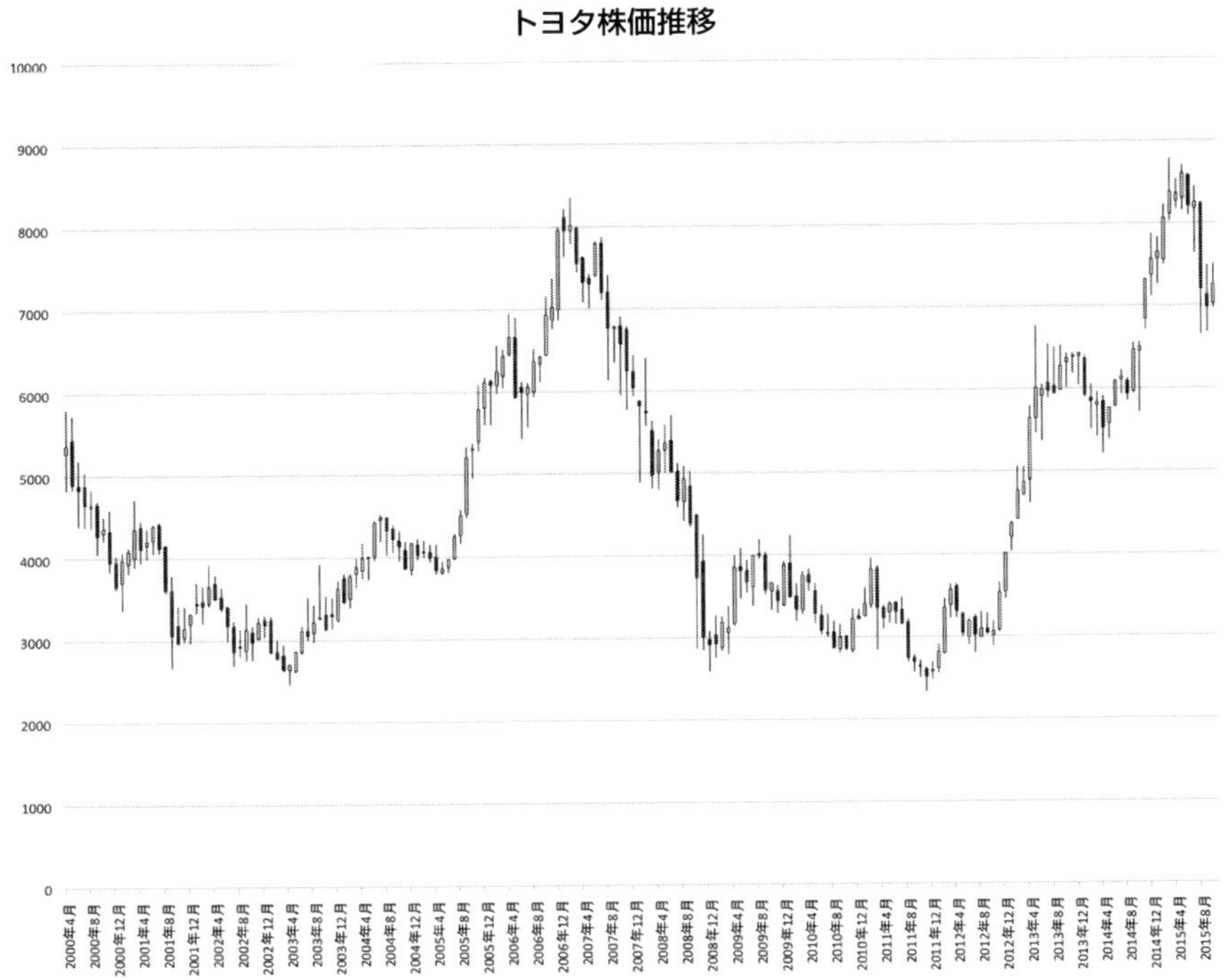
トヨタ株価推移
10000
9000
8000
7000
6000
5000
4000
3000
2000
1000
0

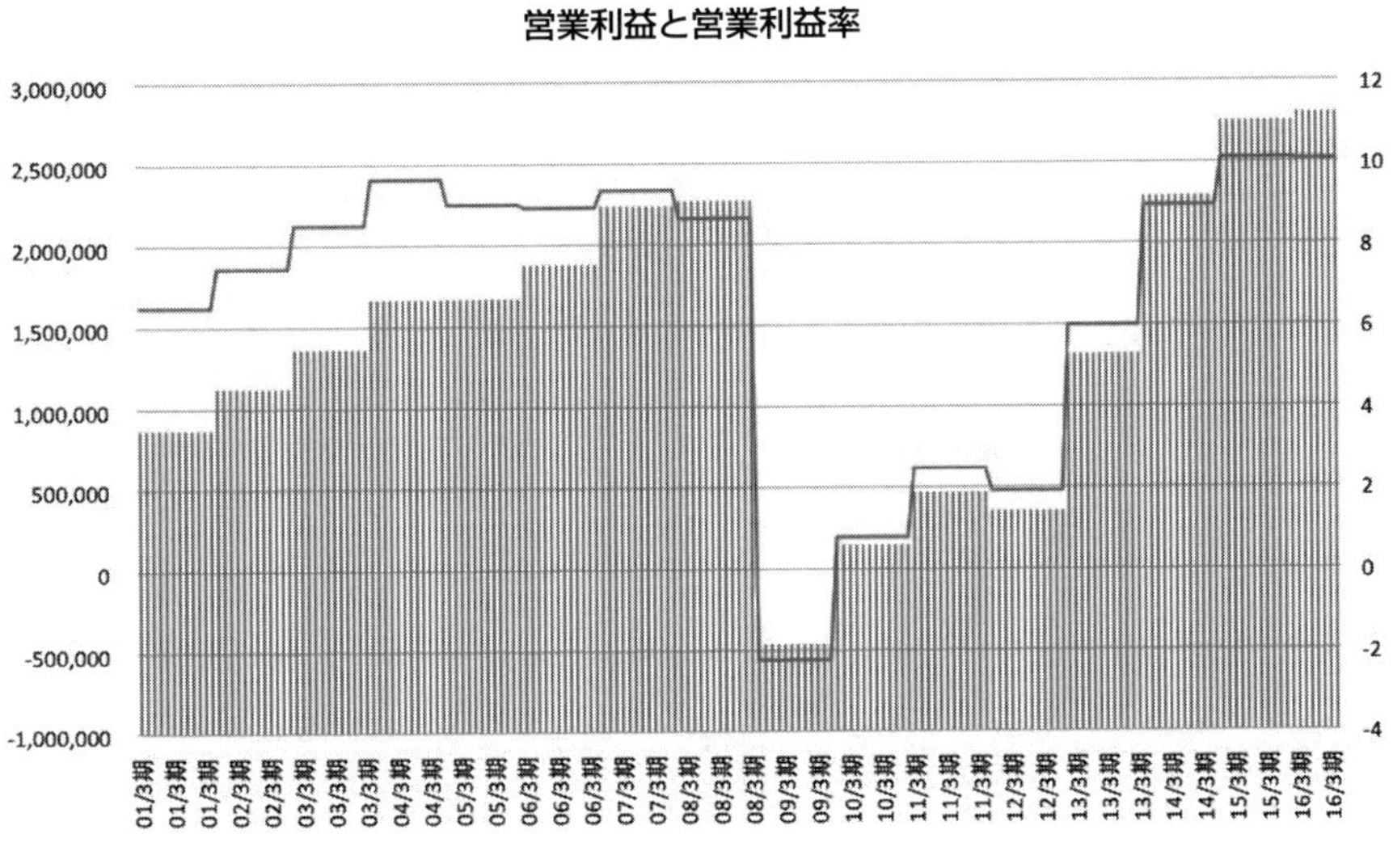
営業利益と営業利益率
3,000,000
2,500,000
2,000,000
1,500,000
1,000,000
500,000
0
-500,000
-1,000,000
12
10
8
6
4
2
0
-2
-4

◆復習

それでは復習もかねて「１９９５年から１９９９年」のチャートを確認しましょう。

１９９５年はさえない推移と言えそうですね。

その後の１９９６年から１９９７年まではボリンジャーバンドのプラス２σにそったバンド・ブレイクアウト（①）、ＭＡＣＤでは買いサイン、出来高も１９９５年比では大幅に増加と上昇トレンドが見られます。本当に、きれいな上昇トレンドですね。

ただ、１９９７年からはもみ合い相場入りです。この辺りはＭＡＣＤが綺麗な売りサイン（②）を見せています。１９９８年は出来高も減少傾向（③）にありますので、手掛け難い地合いと言えます。

手掛け難い地合い……なるほど。その地合いは１９９９年末の大陽線で払拭されていると考えてください。

このときは出来高をともない、ボリンジャーバンドは大きく拡大、ＭＡＣＤも買いサイン点灯で上値抵抗ラインだった４０００円を上抜けましたことから、トヨタは次のステージに移行したと言えるでしょう。

出来高をともなっていて、ボリンジャーバンドは大きく拡大し、ＭＡＣＤも買いサイン点灯、上値抵抗ラインを上抜けたので上昇相場に移った（④）と言えるのですね。

【トヨタ 1995-1999年】

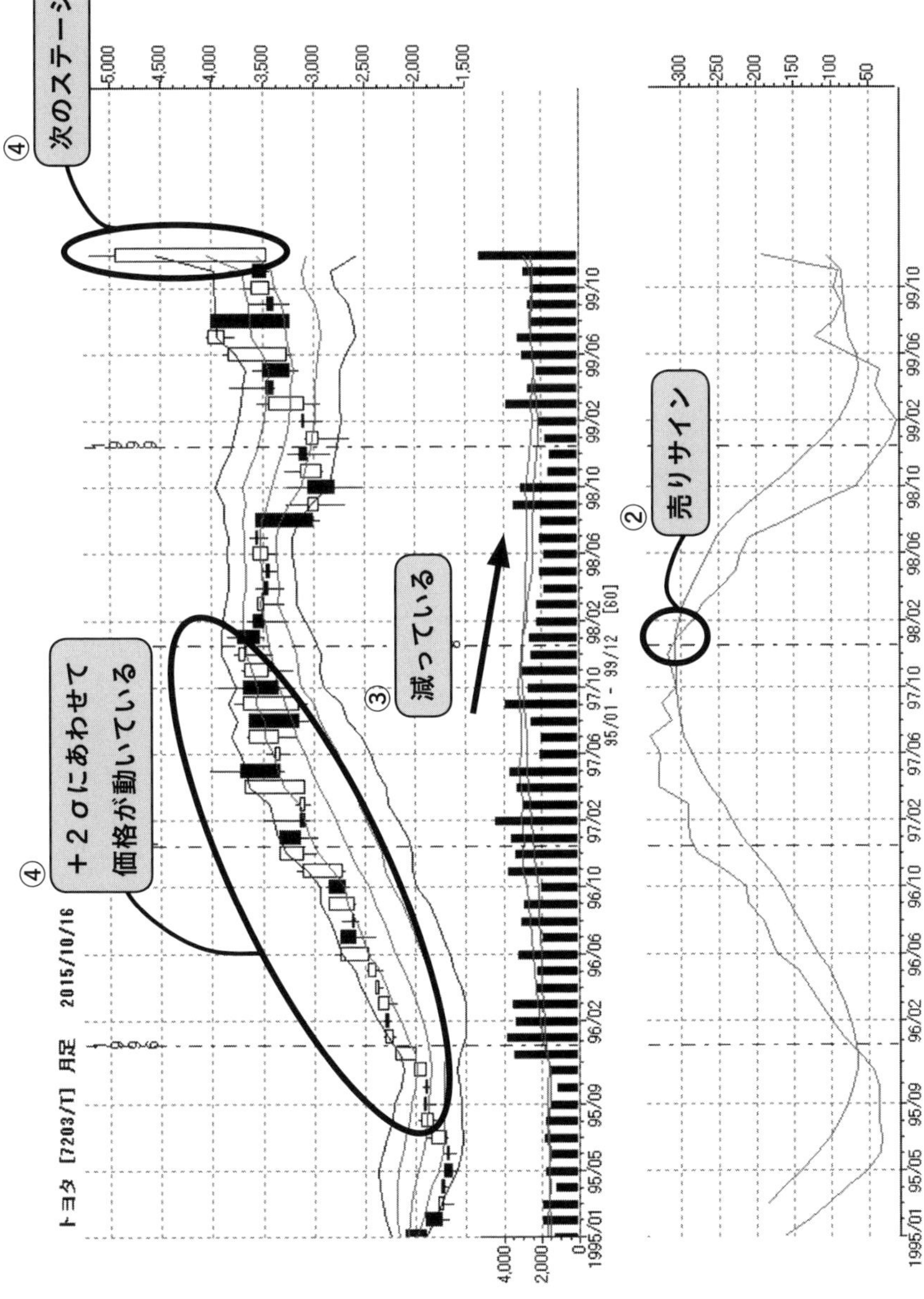

ソフトバンクを分析してみよう

◆問題

では、続いて、こちらの大型銘柄を見ていきましょう。こちらも日本を代表する銘柄です。大型買収などでいつも世間をあっと驚かせる孫正義氏が率いるソフトバンクです。ソフトバンクも有名だし、よくニュースにもなっているイメージですよね。トヨタと同じような大型株ですが、チャート形状はまったく異なっていますね。127ページで丸をつけた部分に関して買いか売りかを判断してみてください。

チャートは2015年8月から11月までの4カ月間の日足チャートです。

先ほどのトヨタと違って、値動きが荒いですよね。値動きが大きいと、短期で売買をくり返すような投資家が関心を示しますので、日足チャートで読み解いていきましょう。

◆ヒント

反発しているところの出来高とMACDのサインに注目してください。

【ソフトバンクグループ 2015 年】

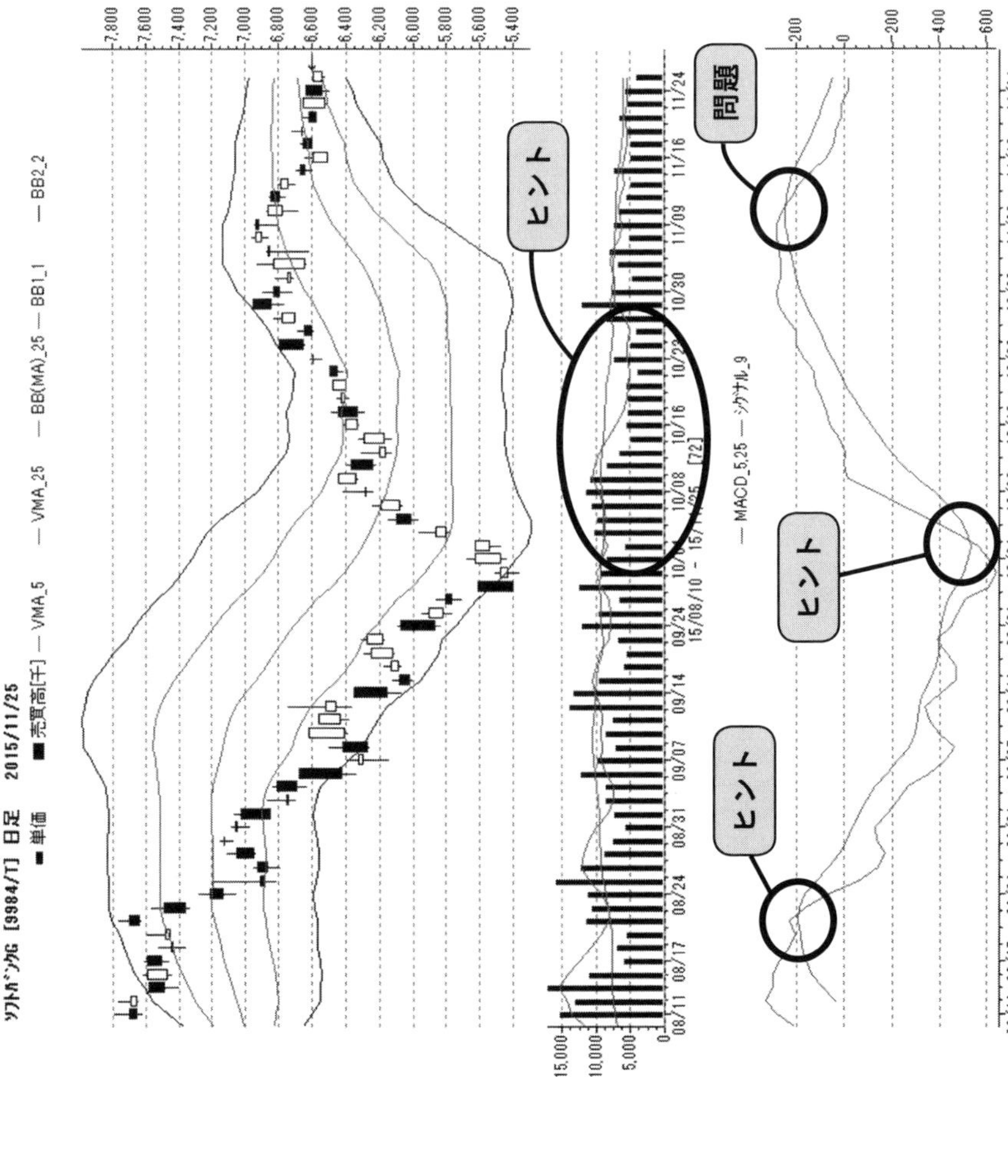

◆答え　売りサイン

8月上旬あたりから株価は下がり、ボリンジャーバンドはまだ拡大したままとなっています。さすがにマイナス2σにそったきつい動きは一巡しましたが、バンドの収束には時間がかかりますので油断は禁物です。

8月以降、出来高は増加傾向にありますね。しかし、10月上旬の反発局面ではさほど商いは増加していません。様子見姿勢が強いと言えます。

MACDに関しては、9月下旬にようやくボトムを打ち、足元サインを上回る上昇と買いサインが見られます。でもMACD、サインともにゼロラインをクリアできていないということは……ダマシの可能性があるということです！

足元では5500円レベルから1000円ほどのリバウンドが見られますが、出来高が増加していない点、ボリンジャーバンドのプラス1σで失速した点、MACD、サインでゼロラインをクリアしていない点などを考慮すると、下げトレンドからの転換を迎えたとはまだ言えないようです。

下げトレンドの転換、相場の落ち着きを確認したいところですね。

拡大したバンドが収束するには、時間がかかるんですよ

【ソフトバンクグループ 2015 年】

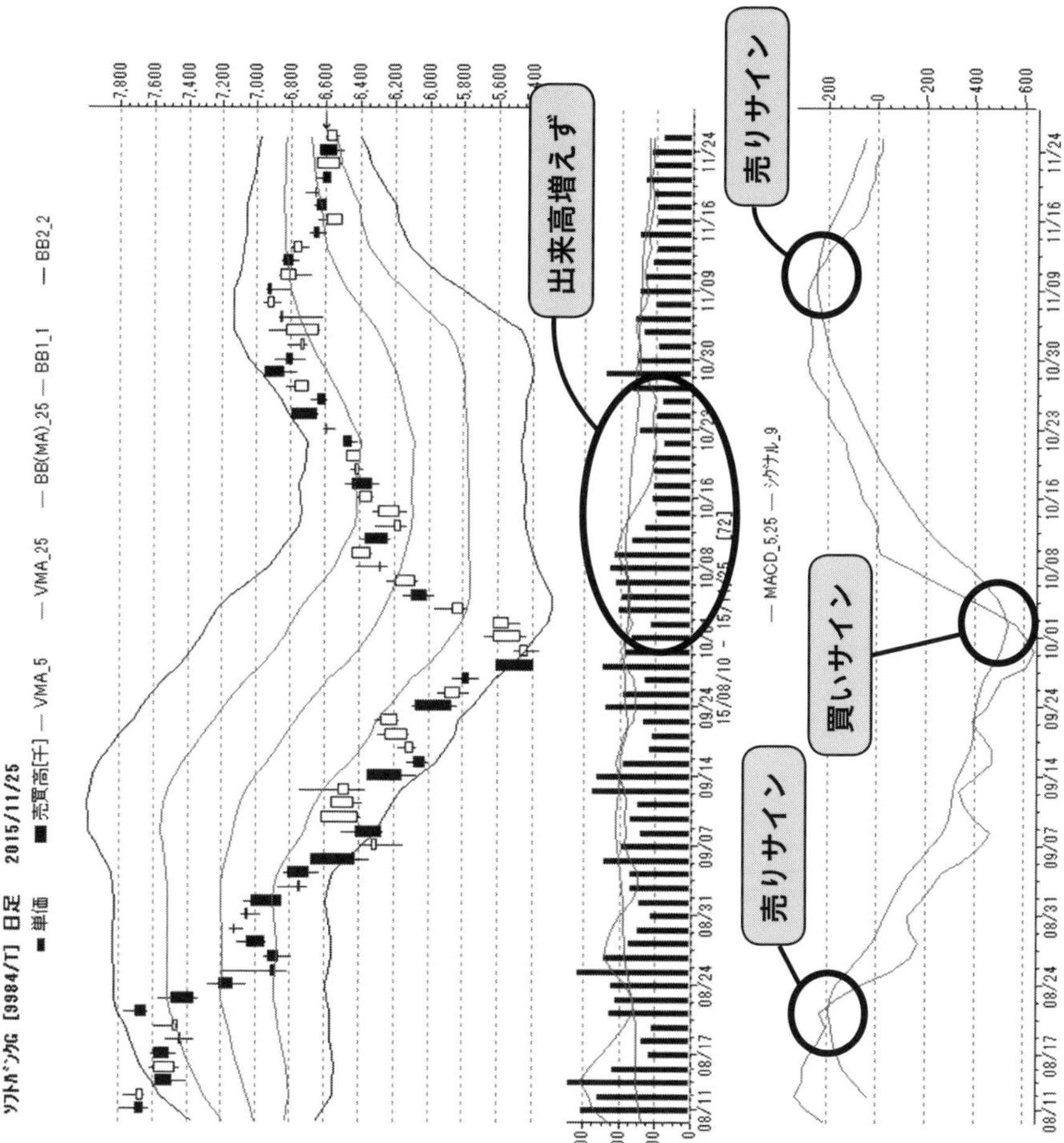

◆業績も見てみよう

ですが、期待だけでは株価の上昇は続かないんです。成長投資による影響から赤字体質が続くとわかっていても、市場が成長性を望むため、結局は過剰に買われていた反動が大きくなります。過剰に買われていた反動、ということは株価が下がってしまうのです。

こちらはＩＴバブルを生んだ中心的な銘柄でした。市場の成長期待の高さから、株価は急上昇していました。しかし、期待だけでは株価の上昇は続きません。成長投資による影響から赤字体質が続くと分かっていても、市場は成長性を欲することにより、結局は過剰に買われていた反動が大きくなります。

しかし、低迷が長かった分、黒字体質に転換した場合には市場の評価が一気に高まります。これが、２００６年3月期に5期ぶりに営業黒字に転換したときの株価にあらわれています。また、こちらも２００８年のリーマンショックの影響を受けましたが、トヨタと違うところがあります。わかりますか？

営業増益の流れが続いていたほか、営業利益率が上昇傾向を続けていたことにあります。そのため、他の企業同様に株価はクラッシュしましたが、その後は順調な上昇基調を見せています。

そして営業利益1兆円の大台乗せのタイミングで株価は上昇(急動意)を見せています。ただし、こちらも営業利益率の低下のタイミングで株価はピークをつけ、現在は、調整に入っています。

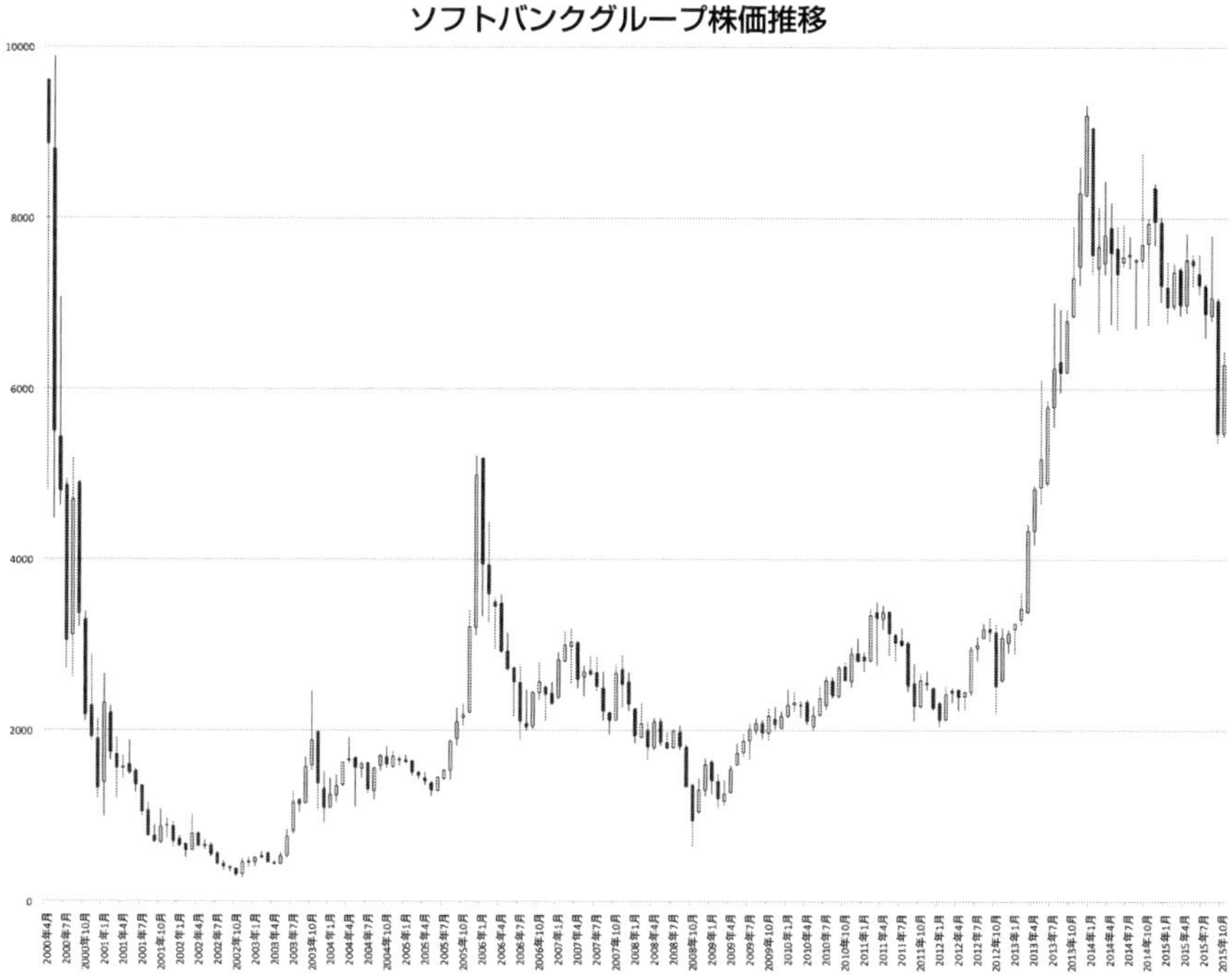

ソフトバンクグループ株価推移
10000
8000
6000
4000
2000
0

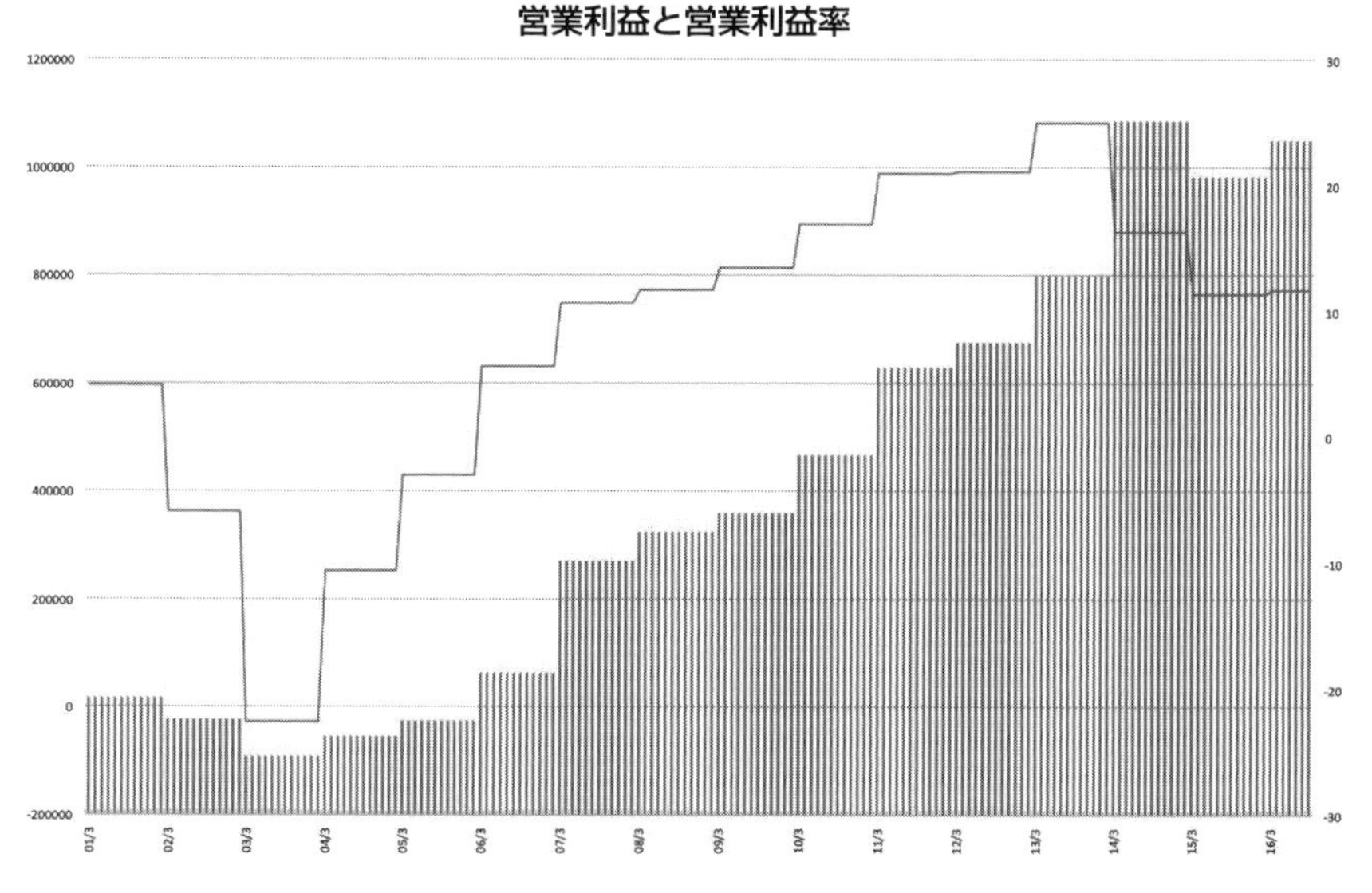

営業利益と営業利益率
1200000
1000000
800000
600000
400000
200000
0
-200000
30
20
10
0
-10
-20
-30
01/3
02/3
03/3
04/3
05/3
06/3
07/3
08/3
09/3
10/3
11/3
12/3
13/3
14/3
15/3
16/3

5 楽天を分析してみよう

◆問題

では最後に楽天を見てみましょう！ 楽天も皆さんご存知の企業だと思いますので、イメージがわきやすいと思います。

楽天は、今は東証一部上場となっていますが、大型株とは異なる動きを見せますのでチャートで確認してみましょう。１３３ページで丸のついている部分に関して、それぞれ買いか売りかを判断してみてください。

なお、こちらもソフトバンク同様、値動きが激しいことからチャートは２０１５年8月から２０１５年11月までの日足チャートです。

◆ヒント

出来高をともなった反発が見られるかどうかにかかっています。

【楽天 2015年】

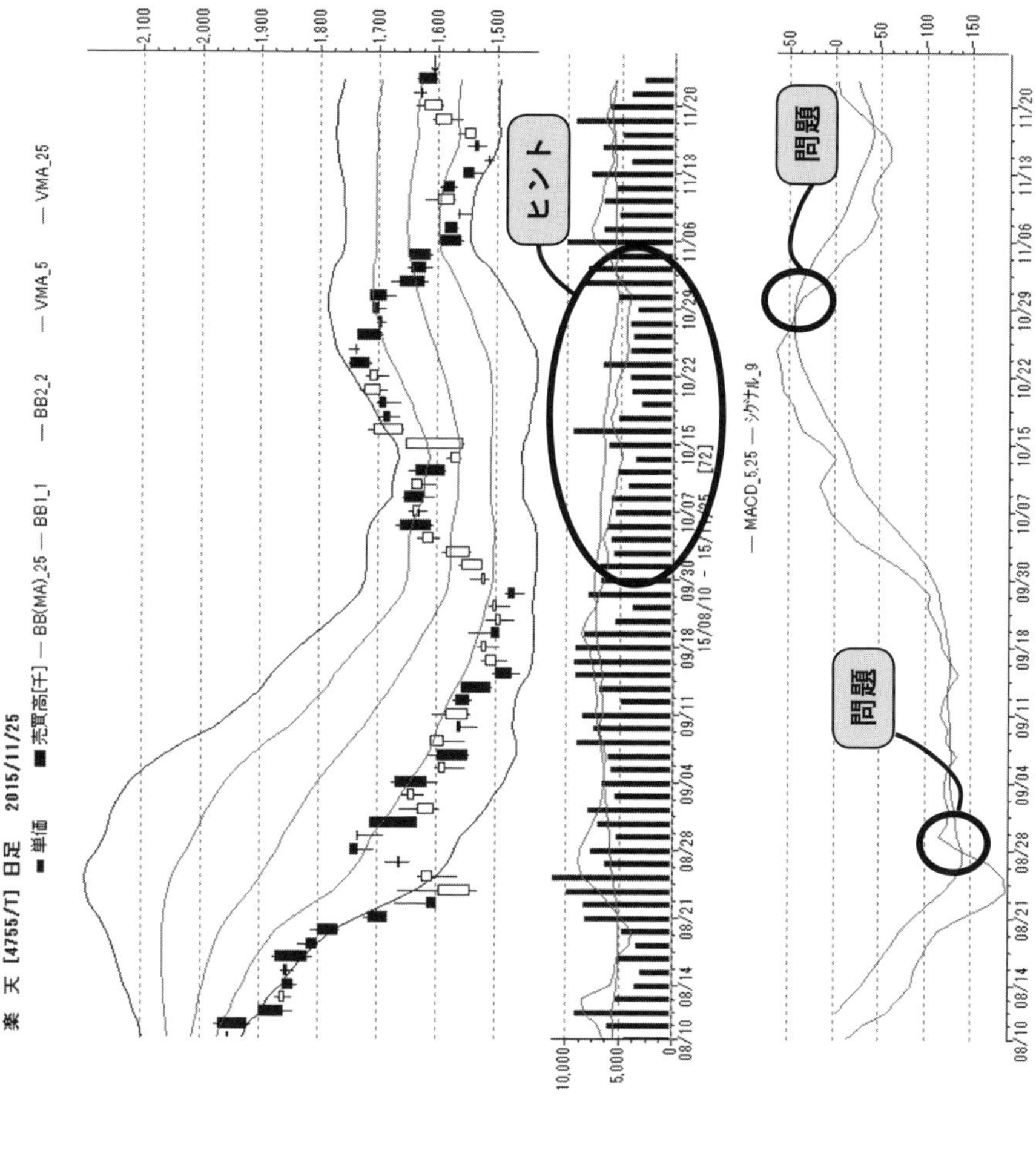
楽 天 [4755/T] 日足 2015/11/25
単価
売買高[千]
BB(MA)_25
BB1_1
BB2_2
VMA_5
VMA_25
MACD_5,25
シグナル_9
15/08/10 - 15/11/25
[72]
ヒント
問題
問題

◆答え　買いサインと売りサインだが……

ボリンジャーバンドでは拡大するマイナス2σにそったバンド・ブレイクアウトが発生し、売り優勢の展開となっていましたが、足元の安値圏で下げ止まっています。プラス2σ手前で頭を抑えられる格好となっていますね。小幅な反発といったところでしょうか。

一方、出来高は減少傾向で、手掛けにくい展開と言えます。反発局面でも盛り上がりに欠ける印象で、上値は重そうな雰囲気が漂っています。

MACDでは、8月上旬から下げ傾向を強めたあとは8月末にボトムを打っています。9月中旬までもみ合ったあとはシグナルを上抜く上昇と買いサインが見られます。

さて、今までの分析を総合的に見ると、どうでしょうか？

総合的には反発となっていますが、プラス2σ前で失速、出来高は減少……。

これらを考慮すると、**反発は落ち着いたと考えて、売買は焦らずに待ったほうが良さそうです。**

このチャートでは、8月の買いサインは短期的な反発に留まっていて「ダマシ」ですね。9月末あたりにMACDが上に動き出したタイミングで、買い（①）になります。

その後は、ボリンジャーバンドのプラス2σ手前で失速したタイミングで売り（②）です。このときはMACDも売りサインですのでわかりやすいですね。

【楽天 2015 年】

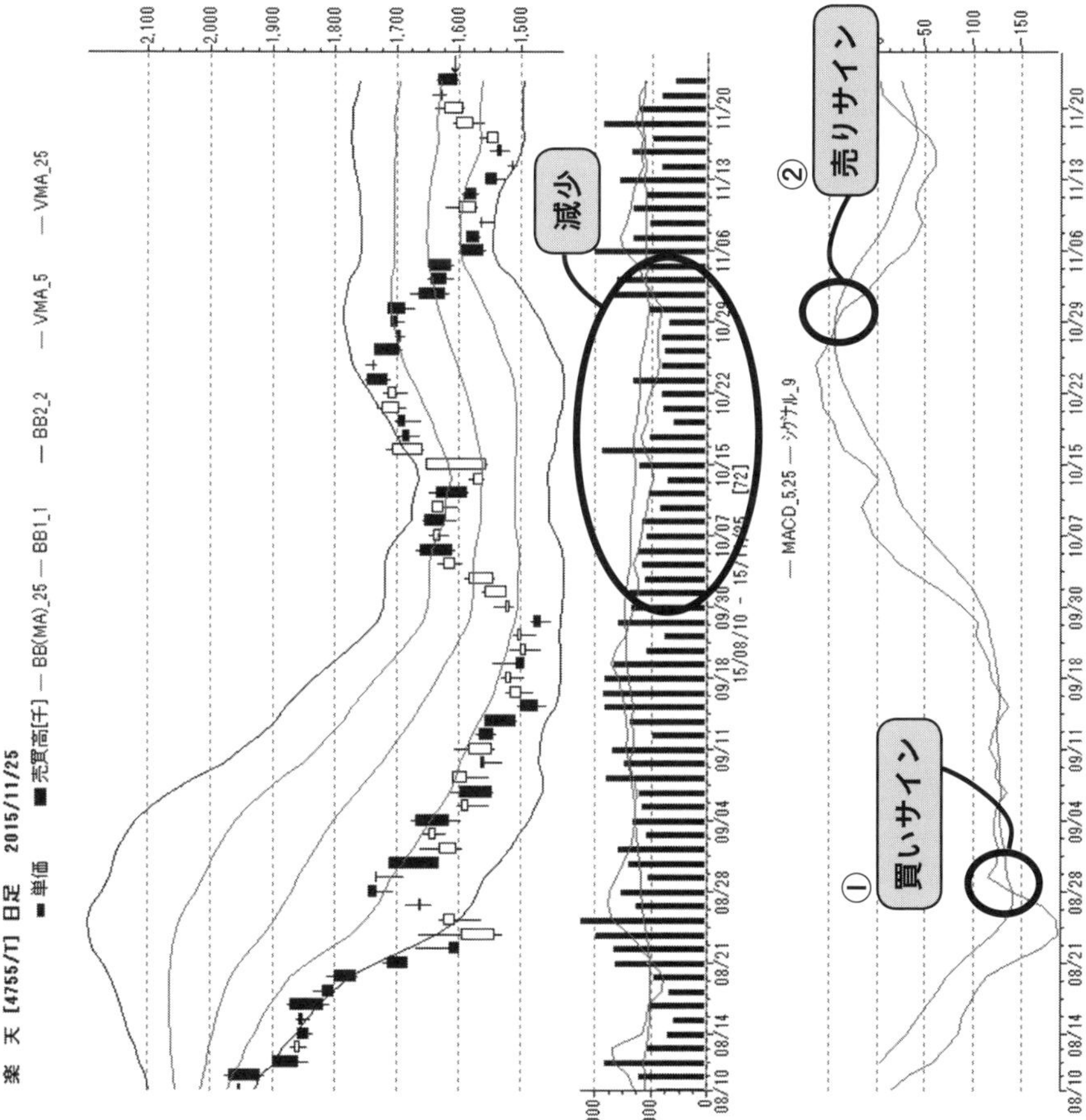
楽 天 [4755/T] 日足 2015/11/25
単価
売買高[千] — BB(MA)_25 — BB1_1 — BB2_2 — VMA_5 — VMA_25
— MACD_5,25 — シグナル_9
減少
① 買いサイン
② 売りサイン

◆業績も見てみよう

まず目につくのは、2001年12月期から05年12月期まで、営業増益が続き、営業利益率はピーク時で33%を超えていることかと思います。

そのため、ITバブル以降の株価の戻りは順調だったようです。そして利益率の低下営業減益の中で、いったんピークをつけています。

その後、2007年12月期には金融会社の利息返還損失引当金等の影響により、99%減益に見舞われましたが、営業黒字はキープしています。これが悪材料出尽くしの形となり、翌期には営業最高益を更新、株価も順調な回復傾向を見せています。

では、株価の動向を見ていきましょう。

楽天も、株価が少しずつ上昇（急動意）を見せたのが、2013年12月期時点での最高益更新ですね。

前期に減益だったこともあり、市場は高評価を見せました。そして翌期2014年12月期での1000億円の大台乗せで弾みがつく格好です。では足元はどうですか?

足元を見てみると、営業利益率は横ばい推移です。これが低下になってくると、利益確定も出やすく、要注意です。

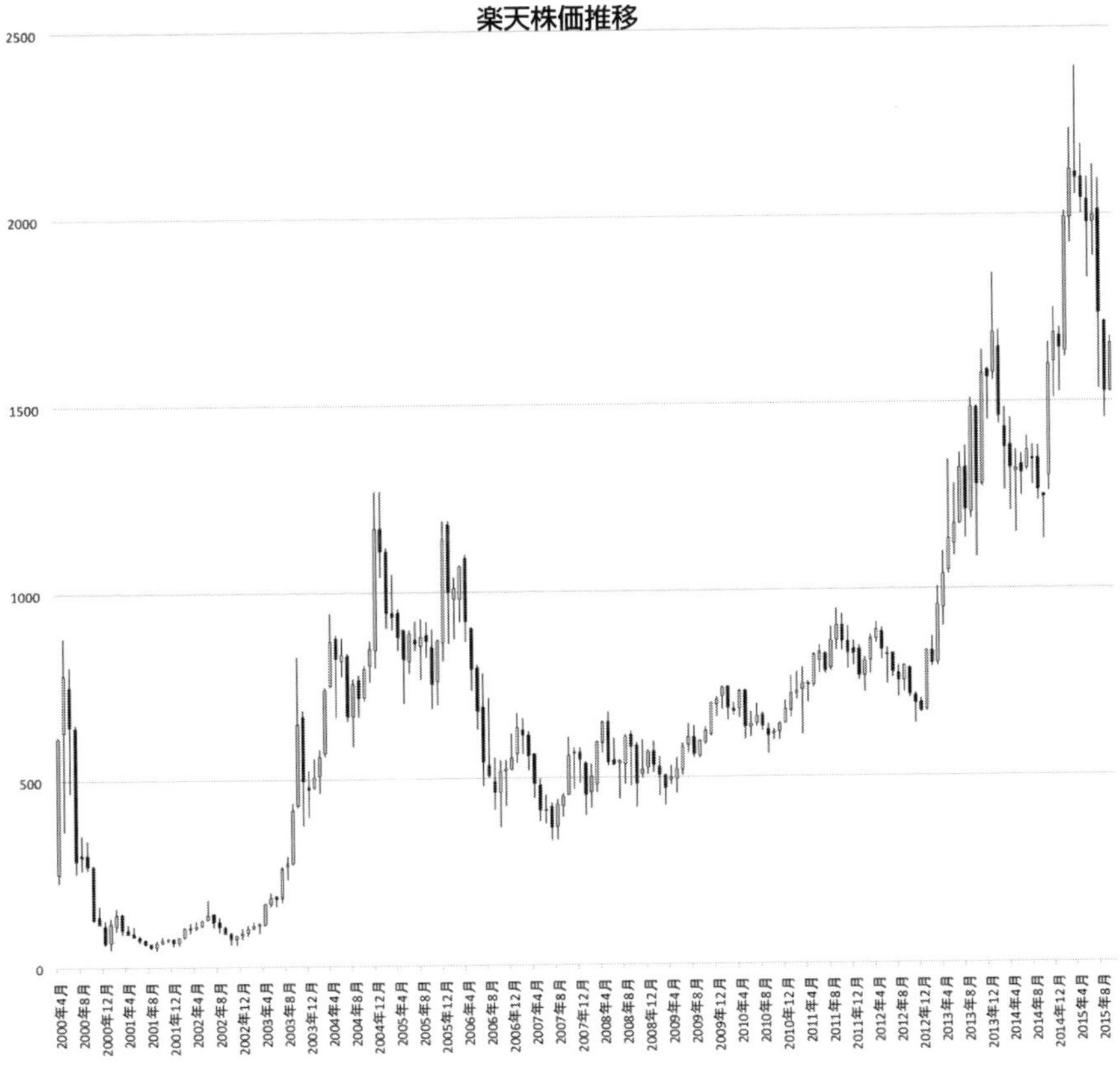
楽天株価推移
2500
2000
1500
1000
500
0
2000年4月
2000年8月
2000年12月
2001年4月
2001年8月
2001年12月
2002年4月
2002年8月
2002年12月
2003年4月
2003年8月
2003年12月
2004年4月
2004年8月
2004年12月
2005年4月
2005年8月
2005年12月
2006年4月
2006年8月
2006年12月
2007年4月
2007年8月
2007年12月
2008年4月
2008年8月
2008年12月
2009年4月
2009年8月
2009年12月
2010年4月
2010年8月
2010年12月
2011年4月
2011年8月
2011年12月
2012年4月
2012年8月
2012年12月
2013年4月
2013年8月
2013年12月
2014年4月
2014年8月
2014年12月
2015年4月
2015年8月

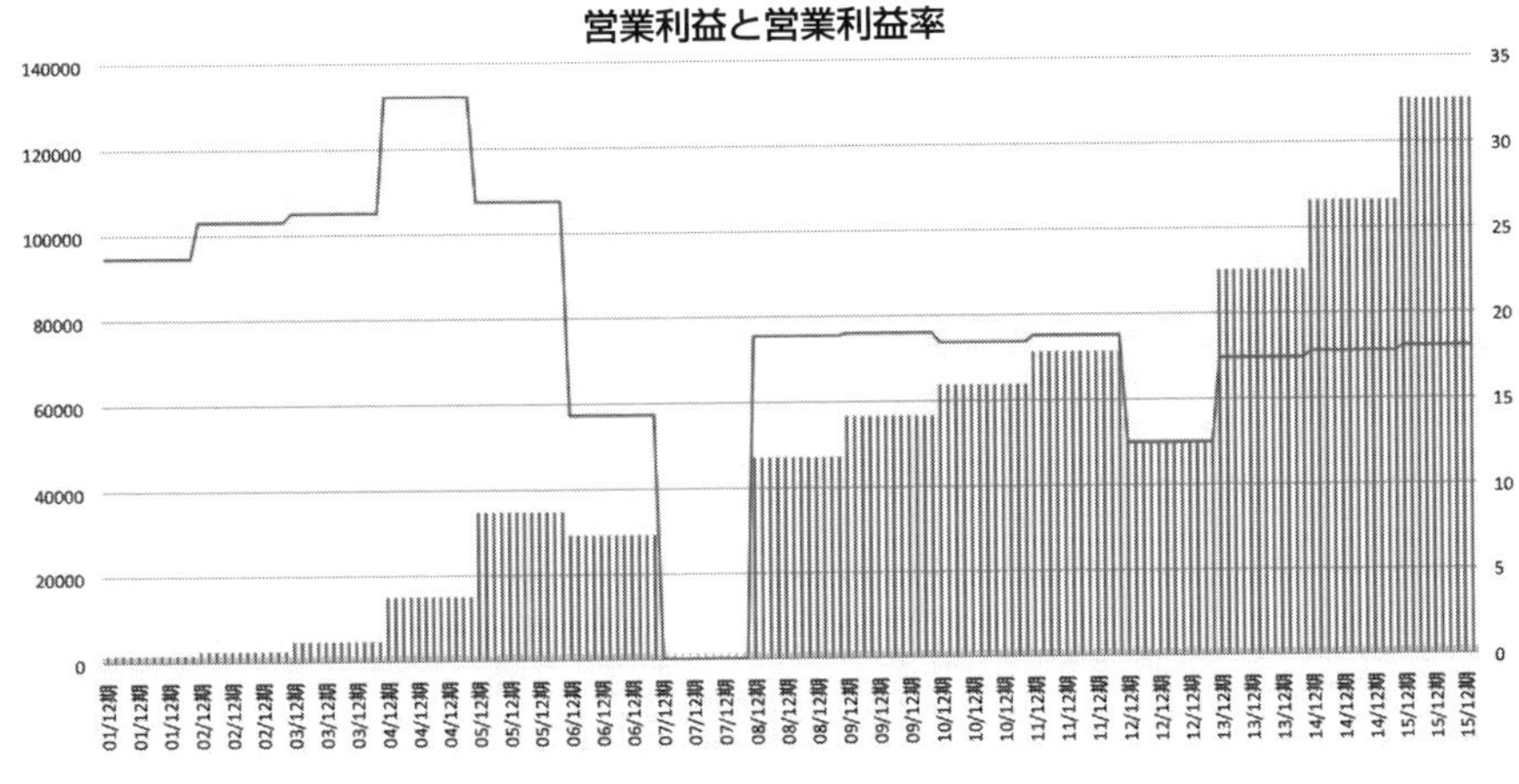
営業利益と営業利益率
140000
120000
100000
80000
60000
40000
20000
0
35
30
25
20
15
10
5
0
01/12期
01/12期
01/12期
02/12期
02/12期
02/12期
03/12期
03/12期
03/12期
04/12期
04/12期
04/12期
05/12期
05/12期
05/12期
06/12期
06/12期
06/12期
07/12期
07/12期
07/12期
08/12期
08/12期
08/12期
09/12期
09/12期
09/12期
10/12期
10/12期
10/12期
11/12期
11/12期
11/12期
12/12期
12/12期
12/12期
13/12期
13/12期
13/12期
14/12期
14/12期
14/12期
15/12期
15/12期
15/12期

コラム ○ 投資家が翻弄されるバブル相場とは？⑤

この本を手にされている方も、米国で発生した住宅バブルの話は耳にしたことがあるかと思います。

2007年から2008年に「サブプライム」という言葉が流行り、08年9月に米国大手投資銀行（日本で言うところの証券会社）リーマン・ブラザーズ（リーマン兄弟が創設者なのでこのような名前）が60兆円以上の負債を抱え破綻しました。とんでもない金額ですね。

米住宅バブル発生の要因は、米国の住宅価格が上昇を続けていたことで、値上がりを前提に所得の低い人に資金を融資（ローン）していたのですが、住宅価格の下落とともにそういった融資が焦げ付いたのです。つまり返済できなくなったわけです。

このローンがサブプライムローンです。

金融業界にいる者として、この時期は世界の金融システムの崩壊を感じました。

結局、米国の投資銀行や商業銀行（日本で言うところの銀行）が一斉に合併、業務提携を進め、米国政府主導で救済し生き残りを図りました。日本に例えると財務省が主導しメガバンク、大手証券が一斉に合併をするという状況でしょうか。

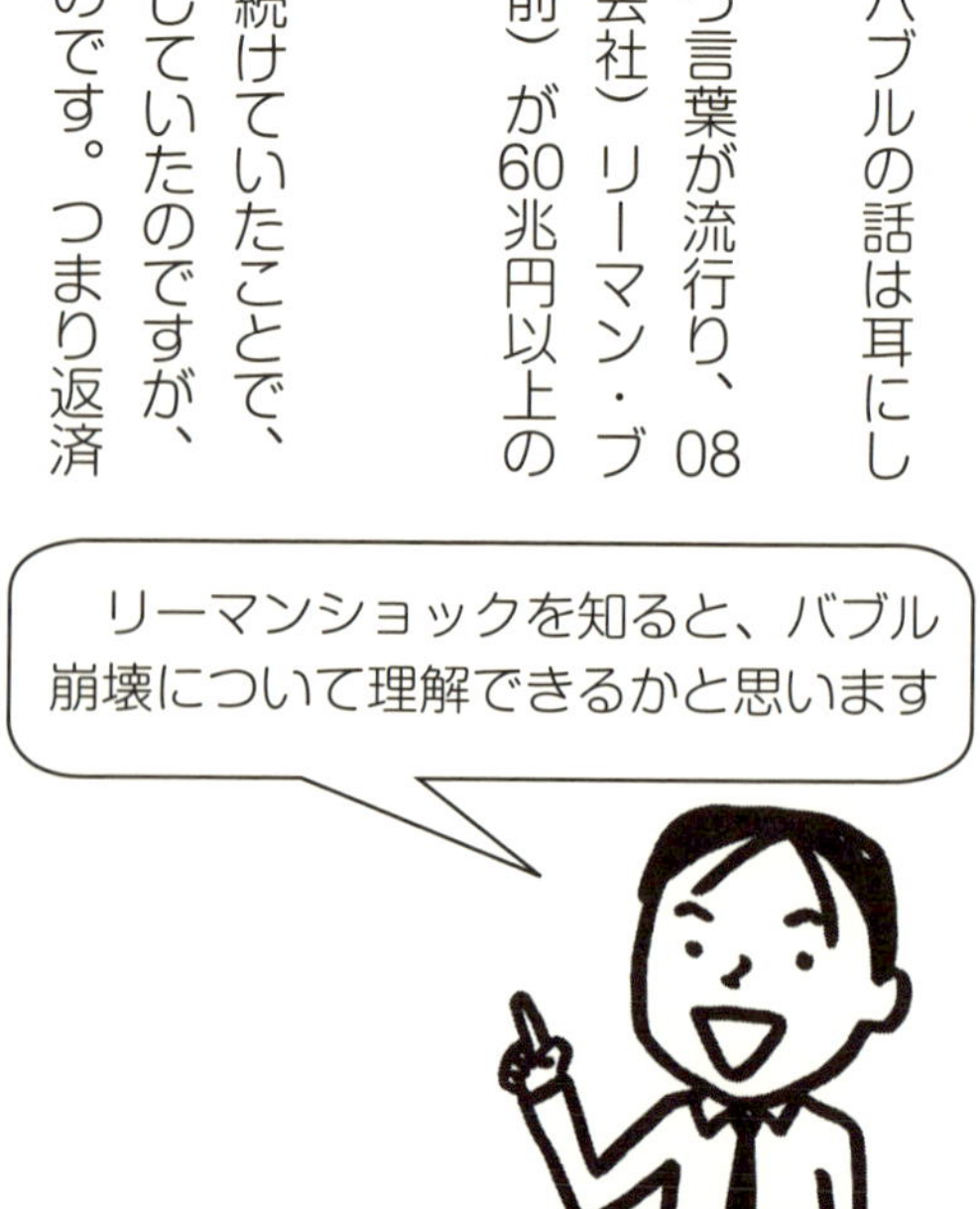
リーマンショックを知ると、バブル崩壊について理解できるかと思います

6時間目
優良株を探し出そう

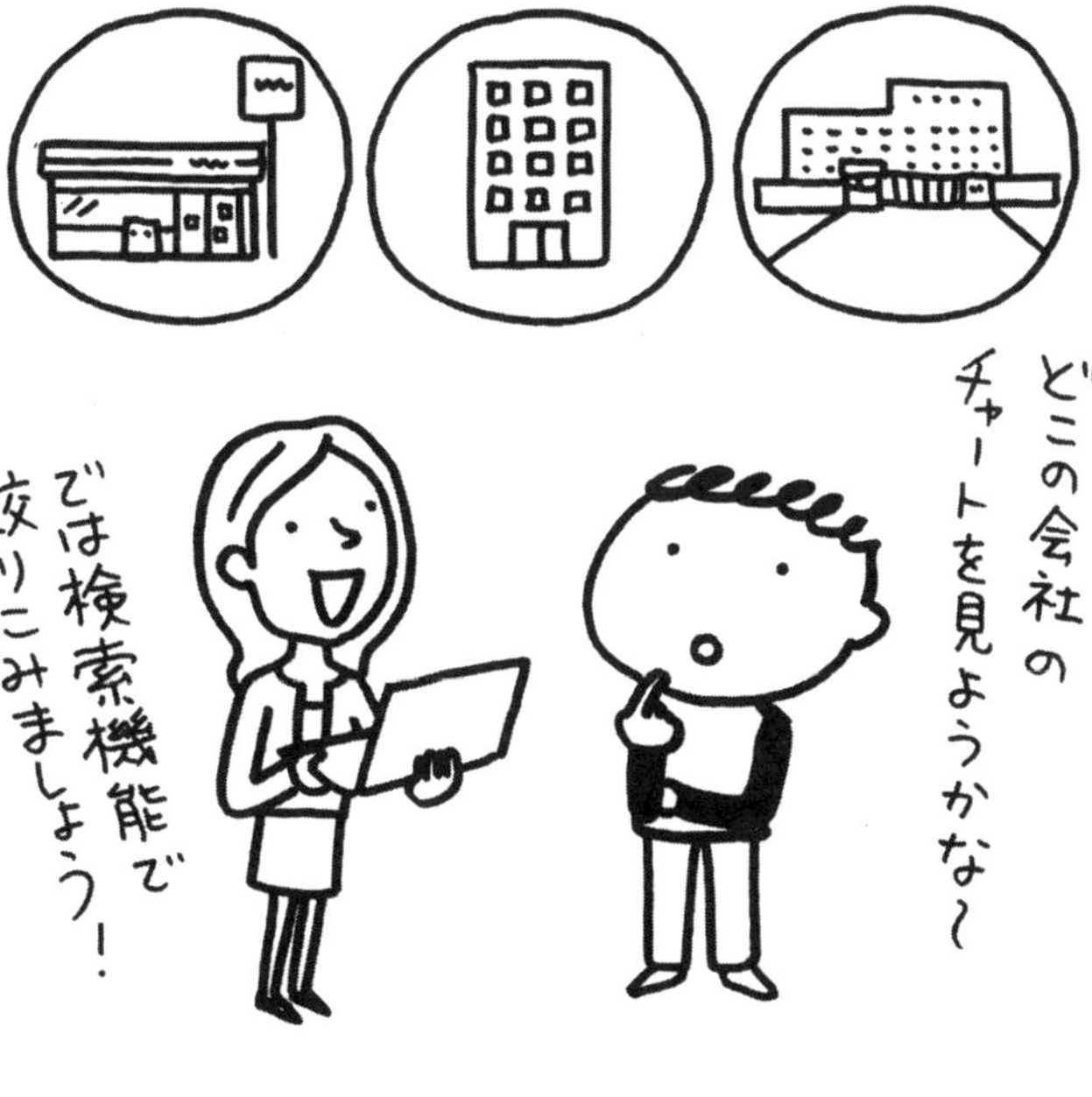
どこの会社のチャートを見ようかな〜
では検索機能で絞りこみましょう！

優良株を探し出そう

1 スクリーニングって?

ここまでで、チャート分析について知識がついたと思います。

では、実際の株式投資を考えたとき、どういった基準で企業を選ぶか、についてはどうでしょうか?

限られた銘柄を1社ずつ分析することはできても、日本の株式市場に上場している約**3500社の企業を1社ずつ分析するのは難しい**ことですよね。

そこで重要なのが**スクリーニング**です。

膨大な企業の中から条件に合ったものを絞りこむ場合に使われる言葉で、インターネットの検索機能のようなものです。

自分が定めた基準（条件）を満たしている企業をピックアップすれば、より成功する確率が高まります。これまでの勉強を生かして銘柄を絞ってみましょう。

とはいえ、どこから手をつけたら良いかわかりませんよね。では、絞りこむ手順について例をあげて紹介します。

◆買いサインに絞る

まずは試しにＭＡＣＤの買いサインの銘柄を探してみましょう。買いサインが継続している銘柄を絞りこむと、（本書執筆時点。以下同様）約２５５０銘柄となりました。いったん買いサインが発生しても、その後の株価が横ばいで推移していると、長期的にその買いサインが変わらない状況が続きます。

それでもまだ約２５５０銘柄では、どれが良いのか１つひとつチェックできない多さですよね。

◆トレンドで絞る

そこで、次にボリンジャーバンドを加えて絞りこんでみましょう。ここでは押し目を狙うというより、強いトレンドでの順張り候補銘柄として、プラス２σを超えている条件を加えました。プラス２σを超えている銘柄は２２０銘柄以上ありましたが、ＭＡＣＤの買いサインが出ているという条件を加えると、１９０銘柄程度に絞られました。

１９０銘柄程度……だいぶ少なくなりましたが、それでもまだ多いですよね。

◆出来高で絞る

さらに絞りこむ条件を加えていきます。ボリンジャーバンドでは出来高も重要なポイントでしたので、出来高変化動向を条件に加えてみましょう。ここでは、直近の出来高が、過去25日間の出来高を平均した数（出来高の25日移動平均）を超えている銘柄で選んでみます。すると、約40銘柄に絞られました。

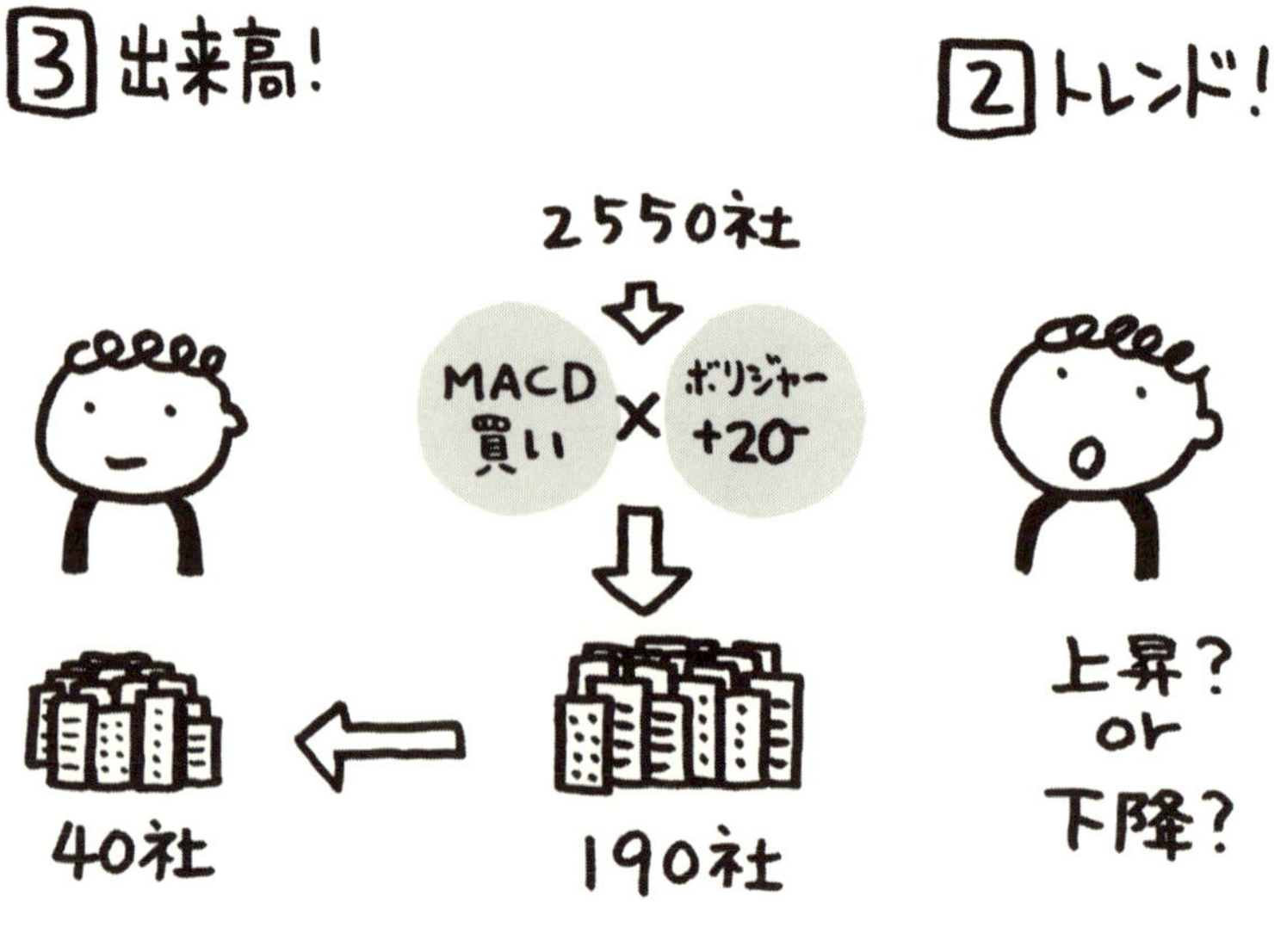

3 出来高!
2 トレンド!
2550社
MACD 買い
×
ボリジャー +2σ
上昇? or 下降?
190社
40社

ここまですると、かなり絞りこまれましたね。

◆数値で絞る

この銘柄数をさらに絞りたいのであれば、成長性を加えてみるのも良いでしょう。

例えば、売上高の成長率が5％以上、など条件（数値）を細かく絞ることで、さらに理想的な銘柄にたどりつく可能性が高まるでしょう。

このように、銘柄を絞りこむうえで、スクリーニングって便利なんです。

◆機関投資家の動きで絞る

さて、スクリーニングにはもう1つ、重要な活用法があります。

それは、機関投資家がどのような企業に投資しているか予想すること。

多くの資金を動かす機関投資家の動きがわかったら、便利ですよね。

④数字で絞る！
5％以上
業績成長
5社

まず、出来高や売買代金、株価の騰落状況から、数銘柄をチョイスします。機関投資家は大金を動かすので、出来高や売買代金が大きくなることが多いからです。そして、その銘柄の共通条件を見つけて機関投資家の注目ポイントを予想します。

例えば時価総額がいくら以上・以下か、業績や配当利回りなどです。今度は、その条件に合った銘柄を検索する方法です。

機関投資家の例として、日本の厚生年金と国民年金の積立金を管理・運用する「年金積立金管理運用独立行政法人（GPIF）」があります。

GPIFが年金などを株式で運用する比率を引き上げることを発表したときには、企業の収益性を測る指標である**「ROE（株主資本利益率）」が市場で注目**され、高ROE銘柄に関心が集まりました。

そういうときは、**高ROEを条件としてスクリーニングを活用**すれば良いんです。

そのときのスクリーニングでは、**ROEが8%以上**

機関投資家の動きに注目！
株
¥
1つの取引の値動きが
大きくなる！

や、ＲＯＥが上昇傾向の銘柄に、株価のトレンド系のテクニカル条件を組合せました。結果、高ＲＯＥ銘柄の中でも、より資金が向かっている銘柄に絞ることができるのです。

最近は、証券サイトでワンクリックで気軽にスクリーニングできるサイトが増えていて難しい作業も必要ないので、心配しないでください。

具体的なサイトは、7時間目で紹介するので、お楽しみに。

スクリーニングは、使わないと損ですよ。

うまく使えば、成功する確率を高めることができると思います！

チェックポイント

・スクリーニングは、何千社の企業を条件で数社に絞りこめる検索機能。
・基本は、「買いサイン」「トレンド」「出来高」で絞りこむ。
・さらに絞りこむときは、数値を入力しよう。

2 プロの分析ツールの使い方　テクニカル

今はさまざまなインターネットのサイトでテクニカル分析ツールが紹介されていますよね。そこで、プロが使っている分析ツールの使い方を紹介します。

証券会社のホームページでは、1時間目でご説明した「移動平均線、RSI、ストキャスティクス、出来高」などオーソドックスな内容は、計算することなくワンクリックで表示することができるんです。

使ってみて、使いやすさなど、お好みで選ぶと良いでしょう。最後には、私のお気に入りサイトを紹介するので、参考にしてみてください。

◆お手軽アプリ紹介

次に、フィスコの無料アプリ「FISCO」の機能を使って、使い方を学んでいきましょう。

私がよく使うのは、スクリーニング機能です。スクリーニング機能では、株価の騰落率、売買代金、信用需給の変化率などを条件として銘柄を絞りこむことができるんですよ！

◆ランキングを見よう

株価の騰落率ランキング（値上がり率上位・値下がり率上位）を調べることで、株式市場で大きく上昇（下落）した銘柄を確認することができるほか、売買代金ランキングをチェックすることで、出来高が増加しているかどうかを読みとることができます。

1時間目の「出来高ってなに？」で説明しましたが、株価が大きく動くときは出来高が増加し、翌日も大きく動く可能性があることから、株価と出来高の両方に注目することは有益ですね！

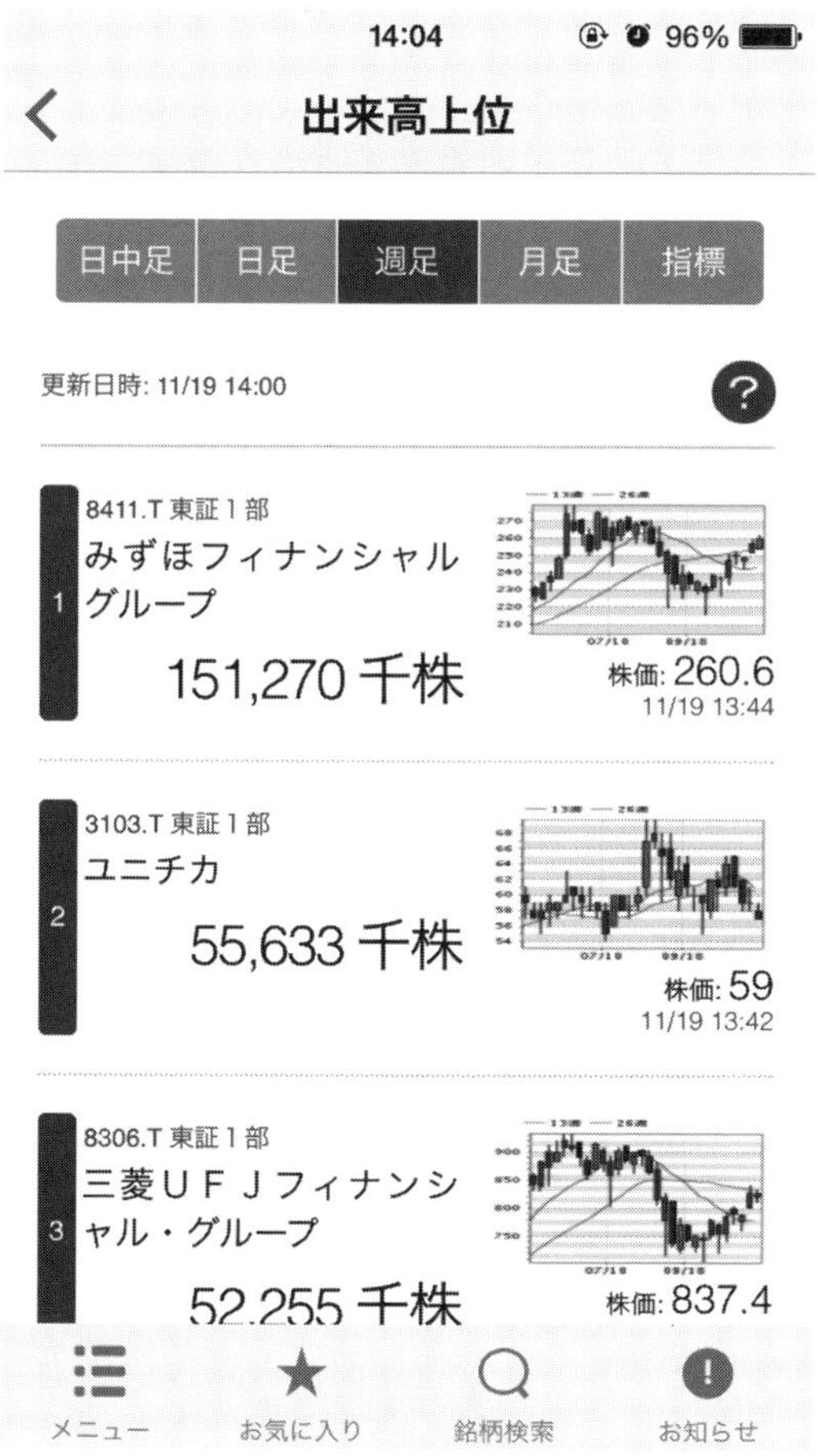

◆信用需給を見てみる

また、「信用需給」の変化率を見ることも重要なポイントです。「信用需給」とはなにかを理解する前に、「信用取引」ってなんだかわかりますか？

信用取引とは、「自分が持っている資金以上に株式投資を行うこと」です。

自分の資金や株式などを担保にして、証券会社からお金を借りて投資することができるんです。信用売りはなかなかイメージがつきづらいと思うのですが、証券会社の株を借りて売って、それをあとで買戻して返済するイメージです。利益はその差額になります。

信用取引は怖い、というイメージもあるかと思いますが、もちろんメリットがあります。

「持っているお金以上の取引ができる」「株価下落時にも利益を出すことができる（空売りができる）」といった点です。ただし、証券会社からお金を借りて投資を行うことから、一般的な投資よりもハイリスク・ハイリターンだと言えますね。

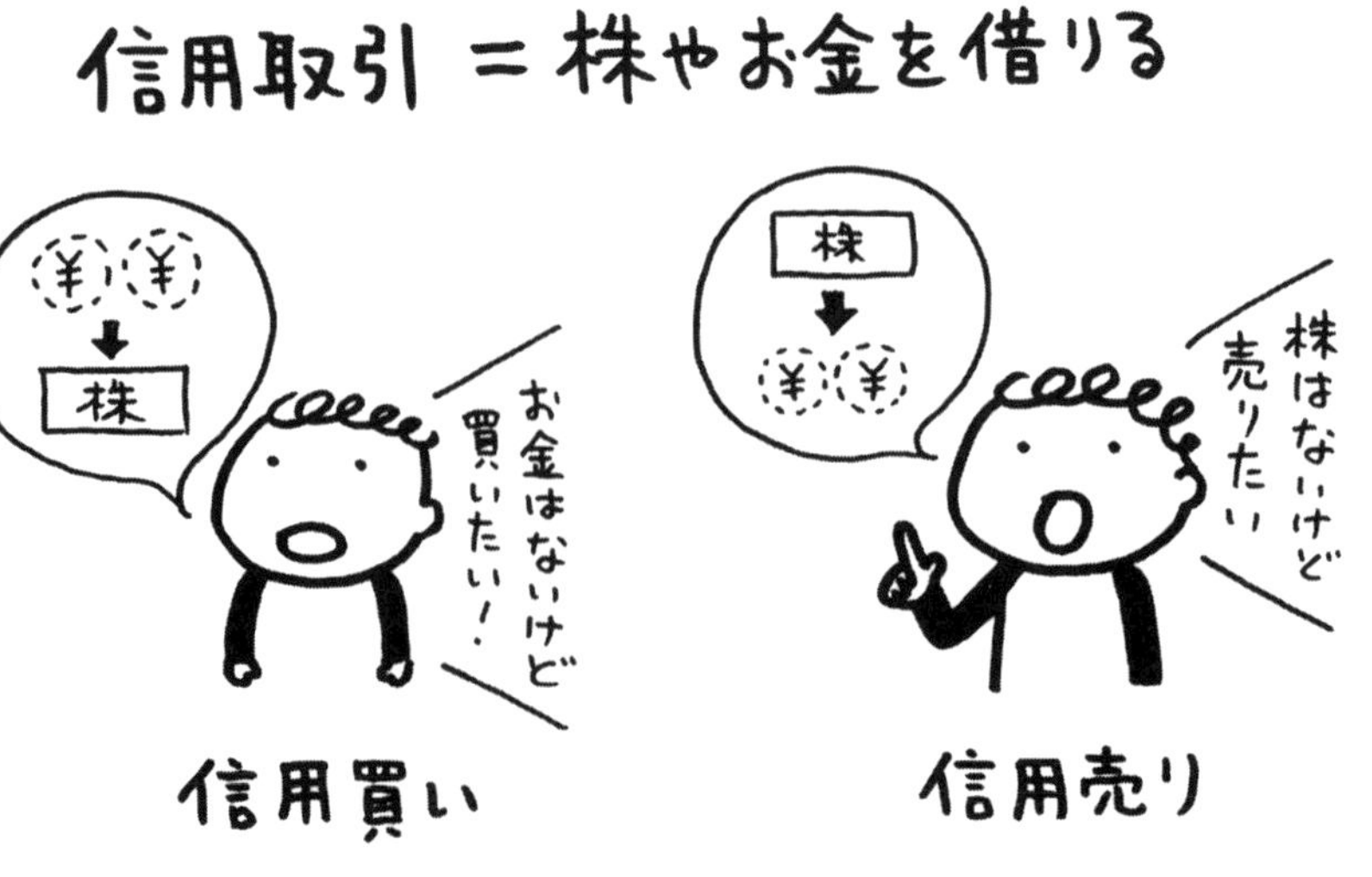

だから怖いというイメージがあるのですね。

最初の話に戻って、信用需給というのは、この信用取引で買われている株の状態（信用買い残《ざん》）と信用取引で売られている株の状態（信用売り残《ざん》）とのバランスです。一般的には、信用買い残が増えるのは「株価が将来上がることを予測している人が増加」していることを指します。

ということは、信用買い残が減少するのは「株価が将来下がることを予測している人が増えていること」ということになります。

信用需給は、この信用買い残を信用売り残で割ったものです。

この信用需給の増減から、株価の動きが重くなるか軽くなるかを読みとることができるのです。

とくに注目したいのは、**株価が1年で1番高い値（年初来高値）で推移しているときに、信用売り残が増加したとき**です。信用取引というのは、決められた期間

で売買を終わらさなくてはいけないからです。

ほとんどの場合は、6カ月以内に、買い残は売って清算、売り残は買って清算しなければいけないのです。決められた期間で売買を終わらさなくてはいけないので、株価が年初来高値を更新してしまうと売っていた人は慌ててしまいます。

下がると思っていた銘柄が、高値を更新してしまったわけですからね。

こうした局面ですと、**信用取引で売りを入れていた投資家はこれ以上損失を拡大させないために、慌てて買う**ケースが多々見られます。この流れが買戻しです。

よく株式市場の概況で「買戻しが入り、株価は値を戻した」といった表現を耳にしますが、この背景にはこうした流れがあるんですよ！

こうした一般的なチャートでは表現されない点を加えることで、より精度の高い分析をすることができるわけです。少し難しい中級者レベルの内容かもしれませんが、今後チャートで分析する上で覚えておいて損はありません。

チェックポイント

・銘柄のランキングで、上位からチャートを見ていくのもオススメ。
・信用需給の数値に注目する。

3 プロの分析ツールの使い方　ファンダメンタルズ

先ほどの項目では、テクニカルアナリストの視点による分析ツールをご紹介しましたが、この項目ではファンダメンタルズアナリストの視点による分析ツールを確認していきます。

業績、財務、キャッシュフローなどの企業情報の観点で銘柄を絞りこめるスクリーニング機能を使っていきましょう。

最も注目するのは、やはり**企業の業績**が良いのか悪いのかですよね。

好業績かどうかは、その業種、例えば鉄鋼、輸送用機器、銀行、証券などによっても異なりますし、成長株なのか、安定株なのかでも大きく変化します。

成長株は、優待や配当を実施せずに成長のために収益を分配する企業です。一方、安定株は、高い成長性は期待できないが優待や配当を充実させるために収益を分配する企業ですね。

成長株はマザーズやＪＡＳＤＡＱなど新興市場に多く、安定株は東証一部や東証二部に多い傾向があります。

年間の業績（売上高、営業利益、経常利益、最終利益）の変化率とあわせて、**株主優待や配当の有無**は、押さえておきたいところです。

とりわけ業績は、通期での業績はもちろんのこと、**四半期（3カ月）単位でもしっかりチェック**してくださいね。成長が加速しているのか減速しているのかが、一目瞭然です。

ほかにも、ファンダメンタルズ分析の基本となる、会社が発表した**決算短信や有価証券報告書**もチェックしましょう。

では、そこで、スクリーニング機能を使ってみましょう。

指定した銘柄の業績推移や財務状態などを簡単に把握することができるんです！

FISCOアプリでは「スクリーニング」機能から、「ファンダメンタルズ」タブをタップすると、指標、業績、財務といった項目の箇所に「業績変化率」「配当／優待」とあります。こちらで業績の変化率、例えば、売上高、経常利益、営業利益、最終利益が2年連続で20％増加している企業などを検索することもできます。

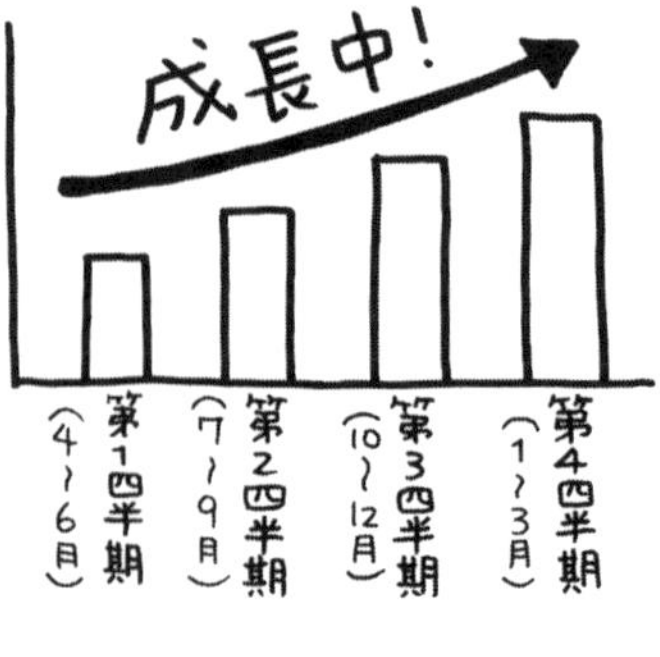

例えば、**2年連続で業績が20％伸張している企業は成長株**と言っても良いと思います。

ほかにも、配当に関しては、**年間の配当金額を株価で割った配当利回りが3％以上の企業に絞りこむ**ことが簡単にできます。東証一部に上場している銘柄の平均配当利回りが1・6％ですので、3％以上は高い配当利回りと言えますね。こうしたスクリーニングは、あくまでもファンダメンタルズアナリストが注目する一部の項目にすぎません。

ほかにもPER（株価収益率、利益がすべて配当に回された場合に何年で元本を回収できるかという指標）やPBR（株価純資産倍率、1倍を割りこむと割安と見られる指標）などさまざまな判断材料があります。

チェックポイント

・ファンダメンタルズでは、年間の業績、株主優待をチェック！
・業績の変化率に注目。

4 オススメ！ ネット証券サイト紹介

最後に、私のお気に入りのツールをご紹介させていただきますね。

ネット証券では注文発注は当たり前ですが、各社それぞれ工夫をこらしたツールを用意しています。**その時々の分析や銘柄選びで使い分けるのをオススメします。**

ここには、ファンドマネージャーに負けないさまざまなツールが用意されていますので、注目ですよ（五十音順）。

また、各社とも個性がありますので、このツールをその時々に使い分けることで、より投資のチャンスを掴むこともできますよね。私の場合もこれらツールを使い分けています。

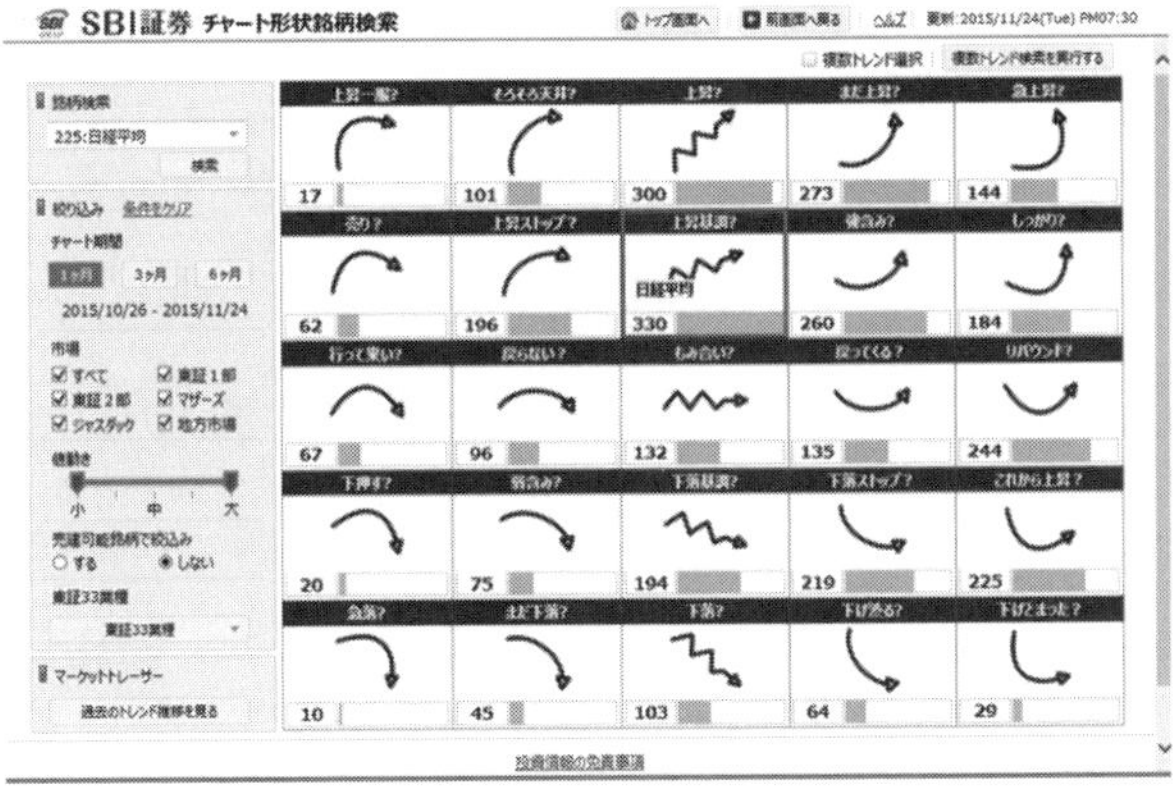

ＳＢＩ証券　ツール名：チャート形状銘柄検索

25 種類のチャート形状から、気になる形状を選ぶだけで、該当する銘柄をすぐに検索できます。

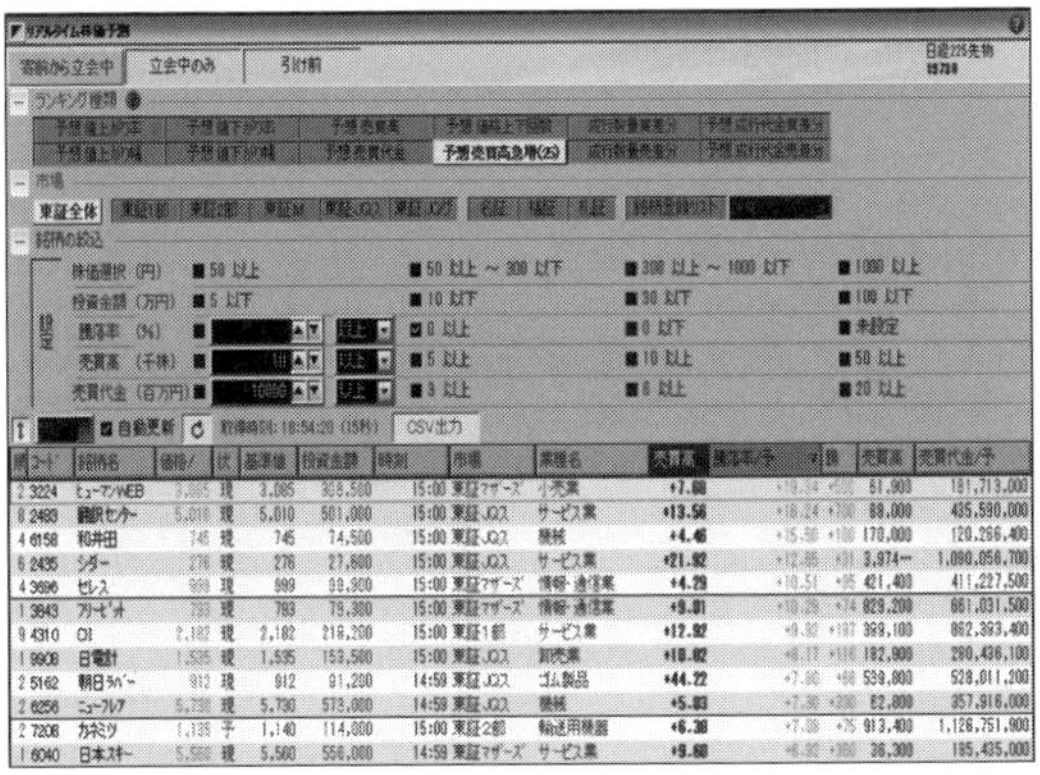

カブドットコム証券
ツール名：予想売買高急増ランキング（リアルタイム株価予測）

ビッグデータの高速処理により、取引中の上昇（急動意）銘柄をいち早く発見することができます。

カブドットコム証券ＵＲＬ：http://kabu.com/kabustation/feature/default.html

ＳＢＩ証券ＵＲＬ：https://ｓＩ Ｔe1.sbisec.co.jp/ETGate/WPLETmgR001Control?OutSide=on&getFlg=on&burl=search_domestic&cat1=domestic&cat2=none&dir=info&file=domestic_chartshape.html

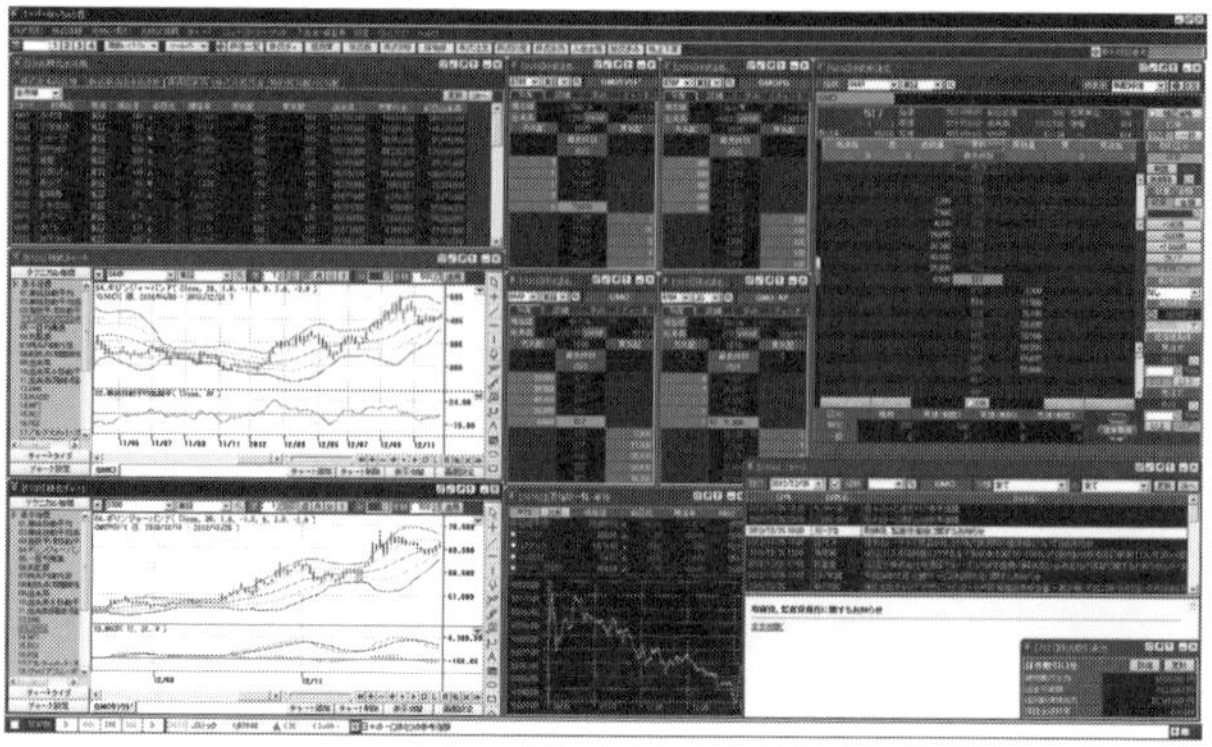

GMOクリック証券　ツール名：スーパーはっちゅう君

リアルタイムに変わるマーケット分析情報、30 種類ものテクニカル指標が使えるチャート、フル板注文、逆指値注文などの便利な発注方法、これらの機能をすべて搭載した本格的な取引ツール。無料で使えるんですよ。

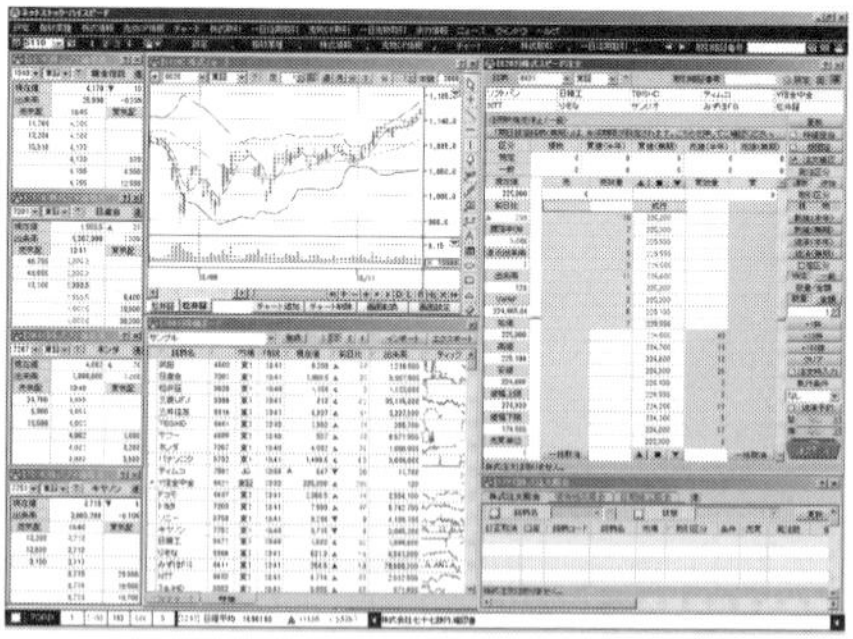

松井証券　ツール名：ネットストック・ハイスピード

リアルタイム情報画面と、発注・約定確認画面が一体となったトレーディングツールです。チャート画面を複数表示させることが可能なうえ、テクニカル指標も豊富に用意しています。松井証券に口座をお持ちであれば、すべて無料で利用できます。その他のツールに登録してある銘柄も簡単に移行できます。

ＧＭＯクリック証券ＵＲＬ：https://www.click-sec.com/corp/tool/superhatchukun/

松井証券ＵＲＬ：http://www.matsui.co.jp/service/pc/ns_highspeed/index.html

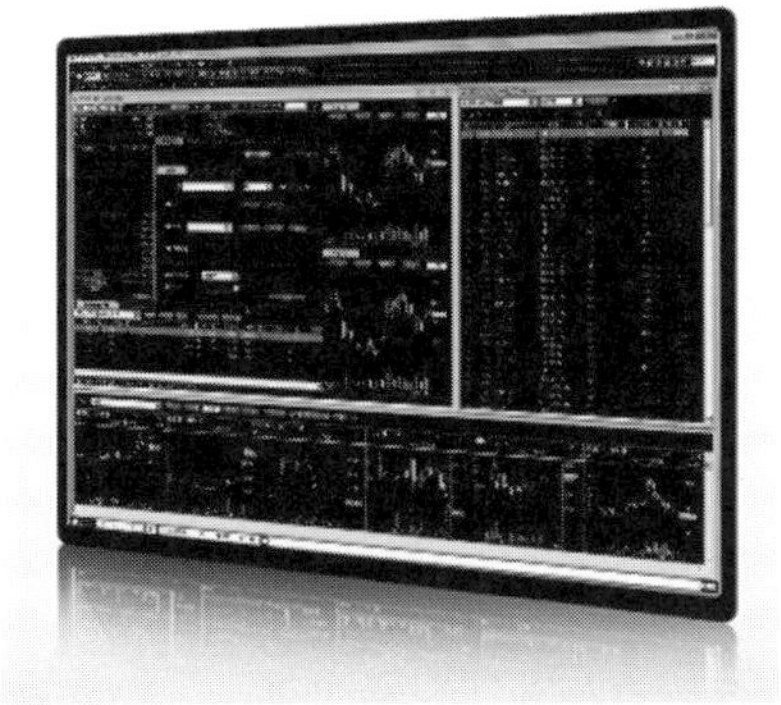

マネックス　ツール名：マネックストレーダー

最大50銘柄のチャートが一度に表示可能なマルチチャート画面はデイトレーダーにも人気です！

楽天　ツール名：マーケットスピード

気になる銘柄の株価、日経平均、外国為替、米国株式の株価、NYダウなど、さまざまな情報をパソコンから、自動更新・リアルタイムで見ることができるオンライン・トレーディングツール！　多機能でありながら、操作は簡単。初心者からアクティブトレーダー、長期投資家まで、すべての投資家を強力にサポートします。信用取引口座・先物オプション取引口座・FX口座いずれかを開設していれば、無料で利用できるんです。

マネックスＵＲＬ：http://www.monex.co.jp/AboutUs/00000000/guest/G800/tradetool/mstation/index.htm

楽天ＵＲＬ：http://marketspeed.jp/

コラム ○ 投資家が翻弄されるバブル相場とは？ ⑥

最後に、「今の日本株はバブルなのか？」という質問。私は、セミナーなどでよく聞かれるこの質問に対して、「違います」とお答えしています。

理由は、バブルと定義づけるには割高感が感じられないからです。日経平均をモデルにしましょう。**日経平均は、2012年12月時点の約2倍**です。こう答えますと「だいぶ上がってきたからそろそろまずいんじゃないのか？」と思うかもしれません。

ではファンダメンタルズを見てみましょう。株価が買われすぎかどうかを判断するPER（株価収益率）という指標があります。現在の日経平均のPERは約16倍です。バブルのときは約70倍だったと言われています。この指標は高ければ高いほど買われすぎ（過熱感）を示しています。足元の米国や欧州もだいたい15倍前後で推移しているので、現在は企業の業績をきちんと反映した相場と言えます。

実は「株はまだまだ上がるから買いだ」と言っている方は少ないのです。こうした冷静な相場が続く限り、バブル発生は回避できるでしょう。

そもそもバブルはしばらく経過して「あの上昇はバブルだったのかな？」と気づくものですから。「バブルではないか？」といった議論が起こっているうちは大丈夫かと思います。常にチェックする余裕を持つことが重要ですね。

7時間目
知っていると役に立つ！チャート用語

知っていると役に立つ！チャート用語

1 あ行

移動平均線《いどうへいきんせん》

テクニカル分析において最もポピュラーな指標がこれ！外せない指標です！一定期間の終わりの平均値をつないで線にしたもので、5日、25日、75日移動平均線を使っている人が多いです。5日移動平均線の場合、直近の5日間の終値を合計して5で割ったものが直近の1日目の移動平均値となります。著名チャーチストのJ・E・グランビルによって急速に普及したもので、略してMAと表記することもあります。

一目均衡表《いちもくきんこうひょう》

日本で誕生したテクニカル分析の1つです。相場は「売り手」と「買い手」の「均衡（パワーバランス）」が崩れた方向へ動きますよね。その方向性が確立したあとに、相場の行方は一目瞭然になる！という考え方に基づいています。

陰陽線《いんようせん》

ローソク足の形状のこと。始値よりも終値が高い場合には白地であらわします。これを陽線と言います。逆に始値よりも終値が低い場合には黒地であらわし、陰線と言います。

アイランドリバーサル

チャートにおいて、窓を空けるように株価が上（もしくは下）に動いたあとに再度、下（もしくは上）に窓を空けて戻る値動きをすると、離れ小島のように見えます。その部分のことを指す言葉です。上昇中でも下落のときでも、出現するとトレンドがそこから転換するケースが多いんです。

あや戻《もど》し

相場が小さな値動きを示すことをあやと言います。これは下落傾向にある相場が一時的に少し上昇することを指す言葉です。一方、上昇傾向にある相場が一時的に少し下落することは、あや押しと呼ばれます。

【アイランドリバーサル】

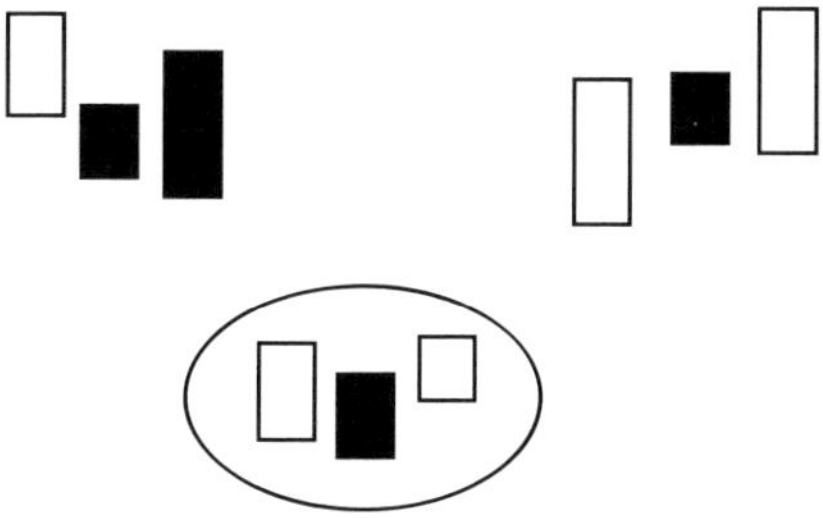

NT倍率《ばいりつ》

日経平均をＴＯＰＩＸで割ったものです。頭文字をとってＮＴ倍率と呼び両指数間の相対的な強さを示します。具体的に言うと、日経平均はハイテクなど外需関連、ＴＯＰＩＸは銀行、不動産など内需関連のウェートが大きいので、外需、内需どちらが買われているのかを判断する際に使用されるんです。

エリオット波動《はどう》

チャート理論の１つで経済学者のＲ・Ｎエリオットが確立したもの。フィボナッチ数列（170ページ参照）をベースに、５つの局面（５波動の推進波）とそれに続く３つの局面（３波動の修正波）という８つの基本リズムが１つの周期としてくり返されます。

黄金分割比率《おうごんぶんかつひりつ》

「０・６１８対０・３８２」または「１対０・６１８、１・６１８対１」の比率のこと。よく「黄金比」と言われているものです。ちなみに、ピラミッドやパルテノン神殿など人工物から、くもの巣、ひまわりの花びらの数など自然界にも多数存在しています。

【黄金分割比率】

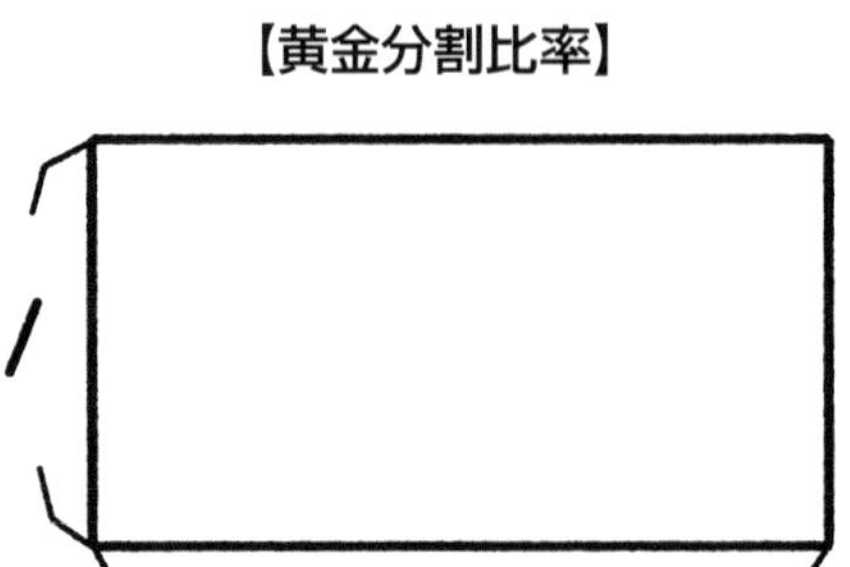

【エリオット波動】

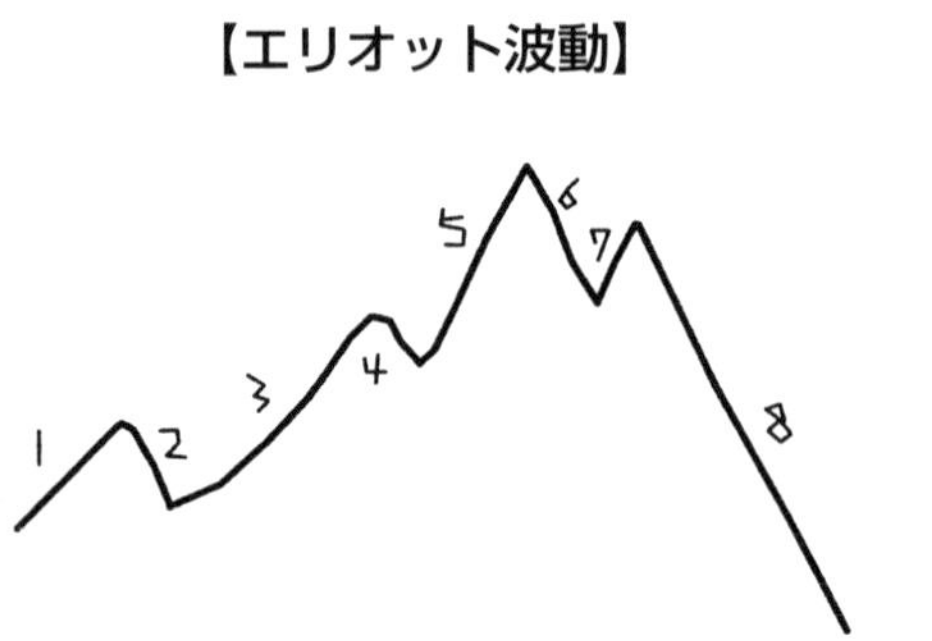

大底《おおぞこ》

マーケットで使われる用語。ある一定期間につけたいくつかの安値のうち、最も低い水準。その期間の中でとっても安かったときに「大底だった」というわけです。一方、相場が上昇傾向で更新した高値は天井と呼ばれます。その中で最も高い水準を大天井と言います。

【大底】

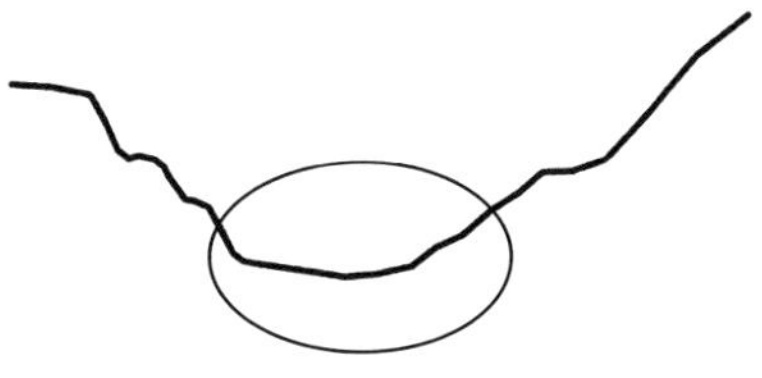

押《お》し目《め》買《が》い

利益確定売りなどで相場が下がるときを狙って買いを入れること。上昇トレンドが発生していることが前提となっています。「今日はちょっと下がったので押し目買いを入れました」みたいな感じで使いますね。押し目買いするときは、このあと上がると思っているわけです。

オシレーター

相場の強弱をあらわす指標。0から100など表示される範囲が決まっていたり、ゼロラインを挟んで上下に振幅します。過去の推移を見て、現在の水準が売られすぎなのか、買われすぎなのかを判断する際に使用します。RSIやストキャスティクス、サイコロジカルラインなどが代表。オシレーター系指標と言ったりします。

キチンサイクル

「景気循環のキチンサイクル」って聞いたことありませんか？ 景気循環が約40カ月前後ごとに訪れるケースを指すんです。在庫投資の活動周期に重ね合せることができます。

逆《ぎゃく》ウォッチ曲線《きょくせん》

株価と出来高に注目した手法。株価が高いときには出来高は多く、逆に悪化したときには出来高は少なくなります。縦軸に株価、横軸に出来高を求め、ある時点の株価を出来高が一致する点を結んでチャート化します。下の図で買い時は、2で買って、4、5で売る。売り時は、6で売って、8、1で買戻す。

逆三尊型《ぎゃくさんぞんがた》

チャート形状の1つで、下げ相場の安値圏で上昇相場の天井とされる三尊型の逆の形が、形成された場合を逆三尊型（ヘッド・アンド・ショルダーズ・ボトム）と言います。

【逆ウォッチ曲線】

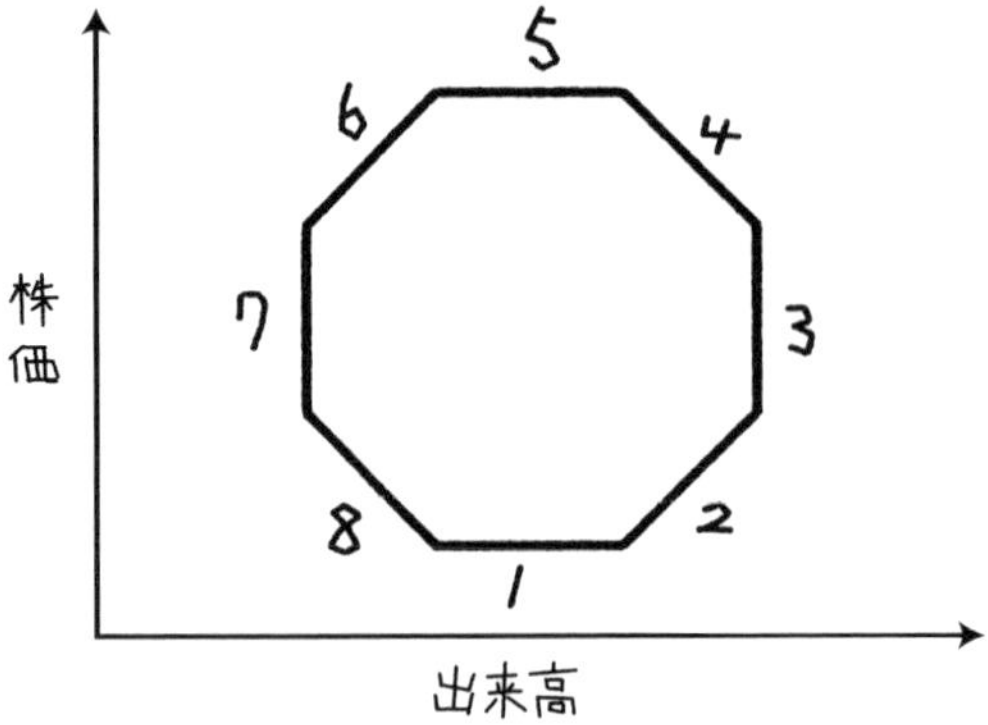

クズネッツサイクル

景気循環の１つで、景気循環が20年前後ごとに訪れるケースを指しています。建設需要のサイクルで、建築物の建替え周期に重ね合わせることができます。

コンドラチェフサイクル

景気循環の１つ。景気循環が50年前後ごとに訪れるケースで技術革新の周期と合わせることができます。

ゴールデンクロス

移動平均線の短期線が長期線を下から上抜くこと。一般的にはゴールデンクロスが示現すると買い場と言われており、見つけるとエキサイトする人が多数です。

酒田《さかた》五法《ごほう》

酒田ケイ線とも呼ばれ、江戸時代の相場師本間宗久が考案したテクニカル分析。ローソク足の組合せによって売り場、買い場を読む５つの法則（三山、三川、三空、三兵、三法）のことを指します。

【逆三尊型】

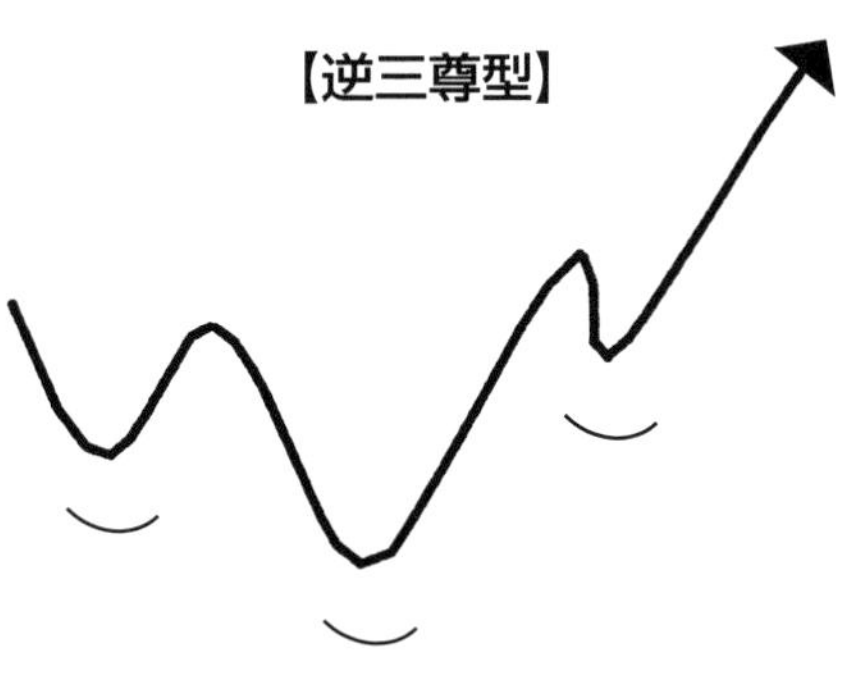

サイコロジカルライン

サイコロジカルは「心理的な」という意味です。その名の通り投資家心理を数値化したものです。投資家は株価の上昇が続けばますます強気に傾き、一方、株価の下落が続けば弱気に傾きがちとなりますよね。投資家心理の偏りを数値化した逆バリの指標なんです。

三角《さんかく》もち合《あ》い

相場のもち合いの1つ。チャートの値幅の範囲が徐々に狭まっていく状態のことを指しています。上値抵抗線と下値支持線が交差する形状が三角形に近いことが特徴。ボックス相場が先細っている状態です。

支持線《しじせん》

支持線とは株価がこの線の近くまでくると「下げすぎなんじゃないのー?」と下げ渋り反発となるラインを指します。主に2つ以上の右肩上がりの谷が必要で、その谷同士を結ぶことによってラインができるんです。ちなみに山同士を結んだラインは抵抗線と言います。

十字線《じゅうじせん》

ローソク足の寄り引け同時線の種類の1つ。買いたい人と売りたい人がちょうど同じくらいという、始値と終値が一緒の状態です。相場の転換を暗示するサインとされています。

ジュグラーサイクル

景気循環の1つ。景気循環が10年弱ごとに訪れるケースで、設備投資の周期と重ねあわせることができます。

順張《じゅんば》り

相場が高くなると買う、もしくは相場が安くなると売ること。普通に流れに乗って投資すると順張りになります。流れに逆らわない投資手法です。反対は逆張り。

ジリ安《やす》

相場の調子をあらわす言葉。相場が弱く価格が徐々に下がっている状態を指します。ジリジリと少しずつ安くなっていくわけですね。反対はジリ高。

【ジリ安】

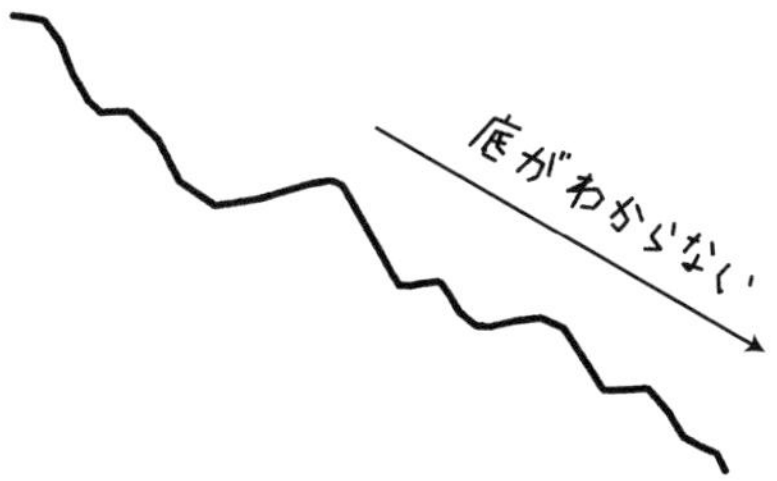

ストキャスティクス

米国のジョージ・レーンが考案したテクニカル指標。振幅や値幅などから「相場が熱くなりすぎているかな?」と、相場の過熱感をはかるオシレーター分析の1つです。

セリング・クライマックス

相場の下落局面で、投資家が一斉に弱気になって大量の売り注文を出すことで発生する大暴落のこと。ただ、売り一巡後は需給が改善し上昇に転じることも多くなっています。

相対力指数《そうたいりょくしすう》

テクニカルアナリストJ・W・ワイルダーによって開発されたテクニカル指標。オシレーター(振幅を測るもの)分析の1つ。

4 た行

高値《たかね》づかみ

株式の市場用語で、相場が上昇している際、高値をつけたあたりで購入すること。要は高く買いすぎるということです。やりたくないですね。

【セリング・クライマックス】

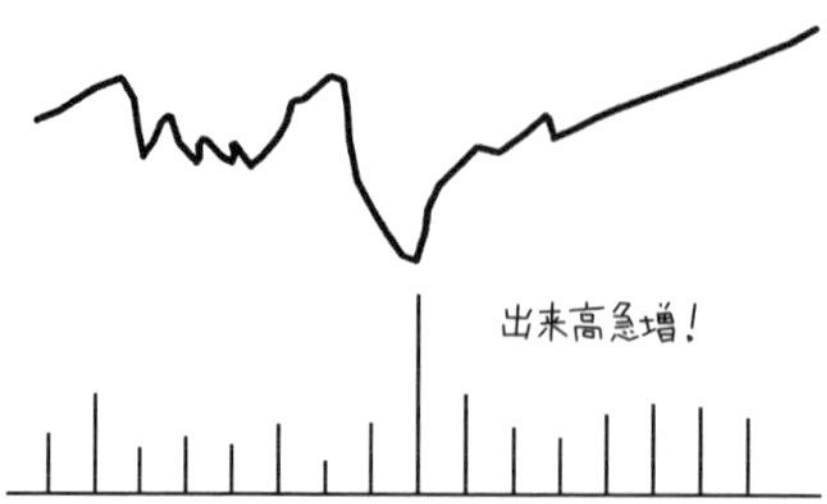

デッドクロス

移動平均線の長期線が短期戦を上から下抜くこと。一般的にはデッドクロスが示現すると売り場と言われています。

トレンド

チャート形状の1つ。上昇トレンドは次第に安値が切り上がって行くことが示されています。右肩上がりのトレンドラインになるわけです。一方、下降トレンドは、高値と高値を結ぶ線で上値が徐々に切り下がってくることが示されています。上昇トレンドのはじめの方で買いたいですね。

5 な行～は行

凪相場《なぎそうば》

相場に動きが見られない静かな状態のこと。「せっかく買ったのに値動きがない…」となりそうです。

ヒゲ

ローソク足の細線の部分を「ヒゲ」と呼ぶ。ヒゲを影とも呼びます。一方、太線の部分を「実体」と呼びます。

踏《ふ》み上《あ》げ

信用取引や先物取引で売り建てていた銘柄が予想に反して上昇し、投資家が損失覚悟で買戻しを実施して価格が急騰すること。

フィボナッチ数列《すうれつ》

イタリアの数学者フィボナッチが紹介した数列。1、1、2、3、5、8、13、21、34、55、89、144……となり、この数列は黄金比率と密接な関係があります。3以降の数字は、前の数字を割り算して算出した増加率が1・618に無限に近づき、2つ前の数字を割り算して算出した連続する3つの数字の比率は、0・618対1対1・618となります。

ポイントアンドフィギュア

時間の経過を考えない、非時系列テクニカル分析の1つ。値動きを「○」と「×」であらわしたもの。事前に定める値幅以上の動きがあった場合、上昇方向は「×」、下落方向は「○」であらわします。

ボックス

もち合い相場。一定の値幅で株価が上下し続ける、水平に推移する局面を指します。上昇トレンドでも下降トレンドでもない、どっちつかずな状態です。

ボリンジャーバンド

ジョン・ボリンジャーが考案。移動平均線の上下に値動きの幅を示す線を加えた指標で、正規分布の状態かどうかを確認できます。

6 ま行

MACD

「Moving Average Convergence Divergence」の略称。移動平均線分析をより発展させたテクニカル分析の手法の1つ。移動平均線よりもトレンドの方向性を探るのに優れているとされています。「マックディー」と読みます。

【ポイントアンドフィギュア】

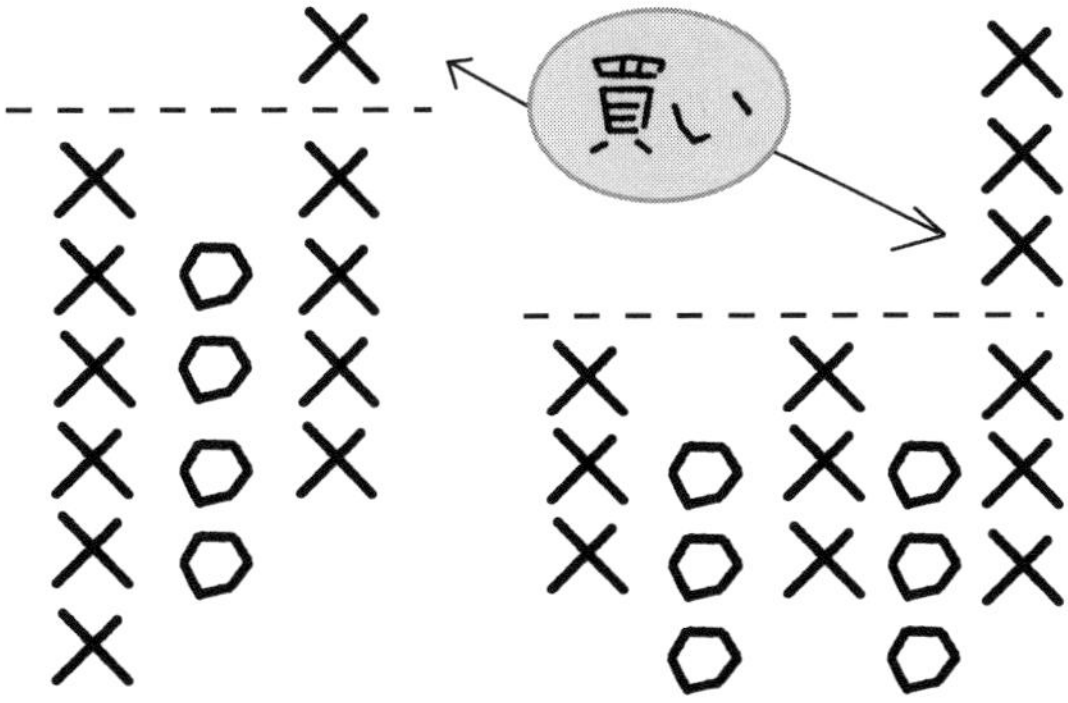

窓《まど》

ローソク足で前回の足と今回の足の間に隙間ができること。窓を開けると相場の上昇（下落）する力が強いと言えます。

ミニゴールデンクロス

移動平均線で短期線が中期線を下から上へ突き抜けること。

戻《もど》り待《ま》ちの売《う》り

下落傾向の相場が一時的に戻る（上がる）のを待って売りを入れること。値が下がったので売るに売れない状態だったのが値が戻ってきてようやく売れたわけで…戻り売り、やれやれの売りとも言います。

7 や行～ら行

四本値《よんほんね》

4つの値段の総称のこと。始値、その日の最初に取引された値段。高値、その日に取引された中で最も高い値段。安値、その日に取引された中で最も安い値段。終値、その日の最後に取引された値段。

ローソク足《あし》

株価の動きをグラフ化したものをチャートと呼びますが、代表的なものがローソク足。日本で誕生した時系列チャートの一種で、日本で最も使われているチャートです。一定期間の株価の動きを、白や黒の棒であらわしたもので、1日の動きをあらわしたローソク足は日足、1週間は週足、1カ月間は月足と言います。

おわりに

最後まで読んでいただきまして、本当にありがとうございました。

私はフィスコとご縁を持ってから、テクニカル分析の勉強をはじめました。

それまでは、「良い決算だから」や「ニュースになっているから」など、株式の1つの側面しか見ていなかったので、思うような結果が出ないことも多々ありましたが、**テクニカル分析をプラスすることで、確実に成果が上がったという実感があります。**

投資をするならチャートを知っておいて、絶対に損はありません！


ただ、「テクニカル分析の勉強って、専門用語が多くて難しいなぁ」と私も苦労しました。

そこで、どうにかチャートの基礎をわかりやすく説明できないかと、明日香出版社さんの協力を得て、フィスコの先輩方と力を合わせてつくったのが本書です。

本書を読んで「わかりやすかった！」と思ってくだされば本望でございます（そうだといいな、ドキドキ）。


本文でも、「チャートは需給のバランスの推移をあらわしている」という旨を書かせていただきましたが、人の売り買いの軌跡が、その銘柄の感情のバロメーターみたいだな、なんて思ったりもしています。

上機嫌だと上がって、ご機嫌ナナメだと下がる……。

テクニカルも含めて株式を見ていると、それぞれの性格がわかって、親しみを感じます。

どういう銘柄を選ぶかはあなた次第。

安定した資産運用のためには自分がつき合いやすい銘柄をどんどん探していって、友人のような銘柄を見つけていただきたいと思います。

とくに最近は、お仕事で資産運用の話をさせて頂くことも増え、資産運用への関心の高まりを感じます。

年金への不安、老後の資金への不安を抱えている方が多く、低金利や円安で、資産運用の必要を感じている方もどんどん増えてきています。

実際、これからは資産を守るために投資でリスクヘッジをしていくことが大切だと考えます。

ご自身が働くだけでなく、お金にも働いてもらう時代が到来したのではないでしょうか。

これを読んだ皆さんが知識と判断力を備えた投資家として、新たな収入源で人生を豊かにしてくださることを願っております。

謝辞

最後に、明日香出版社の大久保さん、フィスコ取締役の中村さん、フィスコ情報配信部長の村瀬さん、国際テクニカルアナリストの田代さん、アプリ担当の越智さん、さまざまな調整を実施していただいた人見さんにこの場をお借りしまして改めて御礼申し上げます。

そして、この本を手にとってくださった皆さま。

ほか、本書に関わってくださったたくさんの方々に心からの感謝を。

ありがとうございました。この本がたくさんの方の幸せにつながりますように！！

２０１５年11月　株式会社フィスコ　三井智映子

■著者略歴

三井　智映子（みつい・ちえこ）

株式会社フィスコリサーチレポーター
NHK教育「イタリア語会話」でデビューし、女優、タレント、MCとして幅広く活動している。また2012年10月からフィスコリサーチレポーターとしてYahoo! ファイナンスで株価予想などを行うほか、テレビ、雑誌、Webなど活動の場を広げている。女性らしい銘柄選びと、わかりやすい初心者向けの説明やセミナーを得意とする。
リサーチレポーターは、金融や経済の世界を身近なものに感じてもらえるよう、アナリストの分析を自分の目線に置き換えた「消費者目線」での企業情報の発信をテーマに、メディア全般で活動を行う。
『ゼロからはじめる株式投資入門 最強アナリスト軍団に学ぶ』（講談社）

中村　孝也（なかむら・たかや）

株式会社フィスコ取締役
日興證券（現SMBC日興証券）より2000年フィスコ移籍後は、新規上場（IPO）担当として1,000社を超える新規上場（IPO）企業の調査・分析を手がけた。業種に縛られることなく、中小型株を中心に様々な企業の分析を得意とする。
『儲かる株がわかります』（三笠書房）
『マーケット大予測2003』（日本経済新聞社）

本書の内容に関するお問い合わせ
明日香出版社　編集部
☎(03) 5395-7651

はじめての株価《かぶか》チャート1年生《ねんせい》　上《あ》がる・下《さ》がるが面白《おもしろ》いほどわかる本《ほん》

2015年　12月　23日　　初版発行

著　者　三《みつ》井《い》智《ち》映《え》子《こ》
　　　　中《なか》村《むら》孝《たか》也《や》
発行者　石　野　栄　一

明日香出版社
〒112-0005 東京都文京区水道2-11-5
電話 (03) 5395-7650（代表）
(03) 5395-7654（FAX）
郵便振替 00150-6-183481
http://www.asuka-g.co.jp

■スタッフ■　編集　早川朋子／久松圭祐／藤田知子／古川創一／余田志保／大久保遥
営業　小林勝／奥本達哉／浜田充弘／渡辺久夫／平戸基之／野口優／横尾一樹／田中裕也／関山美保子　総務経理　藤本さやか

印　刷　美研プリンティング株式会社
製　本　根本製本株式会社
ISBN 978-4-7569-1809-3 C2033

編集担当　大久保遥

はじめての株１年生　新・儲かるしくみ損する理由がわかる本

竹内　弘樹

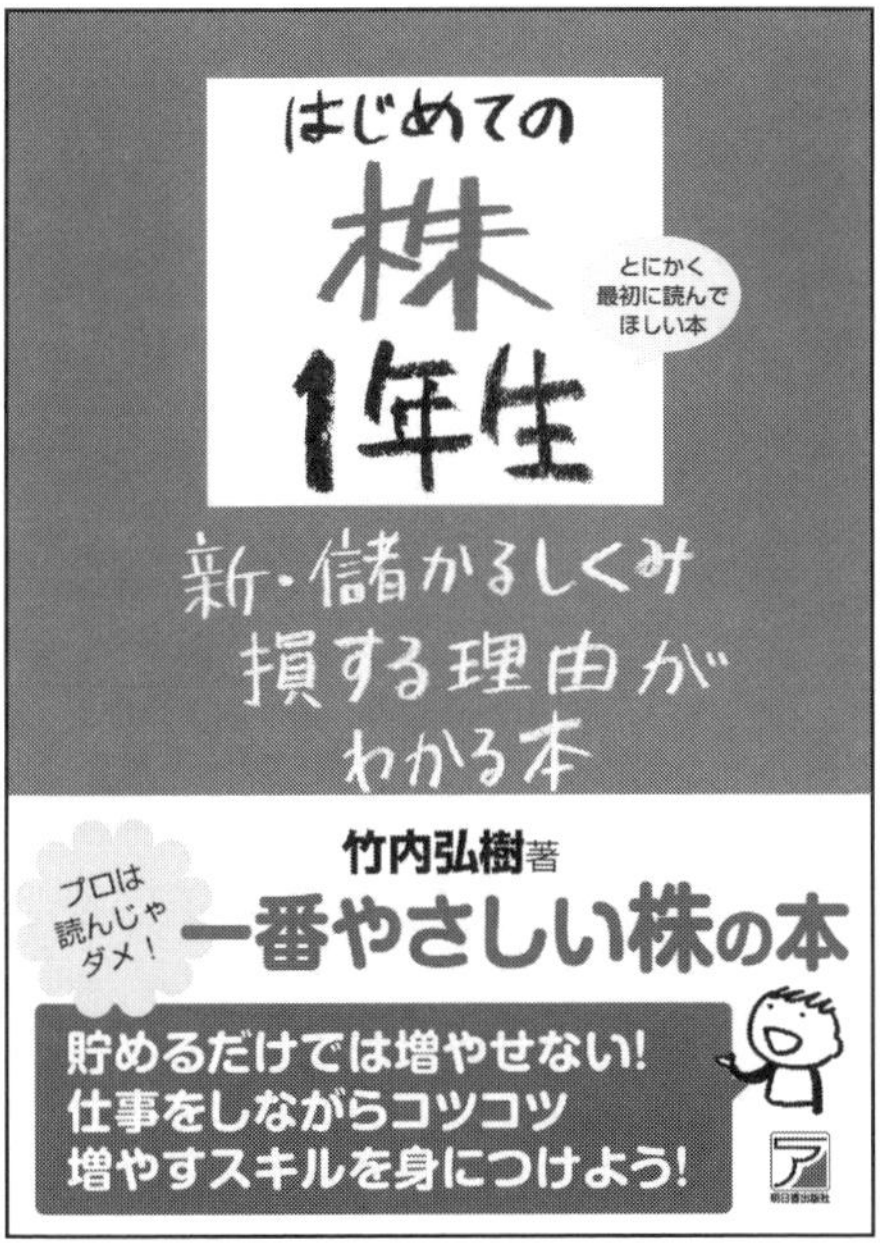

株を始めてみたいけれど、経済オンチ、小難しいことはニガテ…という人でも気軽に読めて、実際に始められる最低限のしくみがわかります。専門用語は少なめに、丁寧に解説してあるので、読み飛ばさずに理解できます。

本体価格 1500 円＋税
A５並　192 ページ
ISBN978-4-7569-1350-0　2009/12 発行

はじめての積立て投資１年生　月１万円から コツコツはじめて増やせるしくみがわかる本

竹内　弘樹

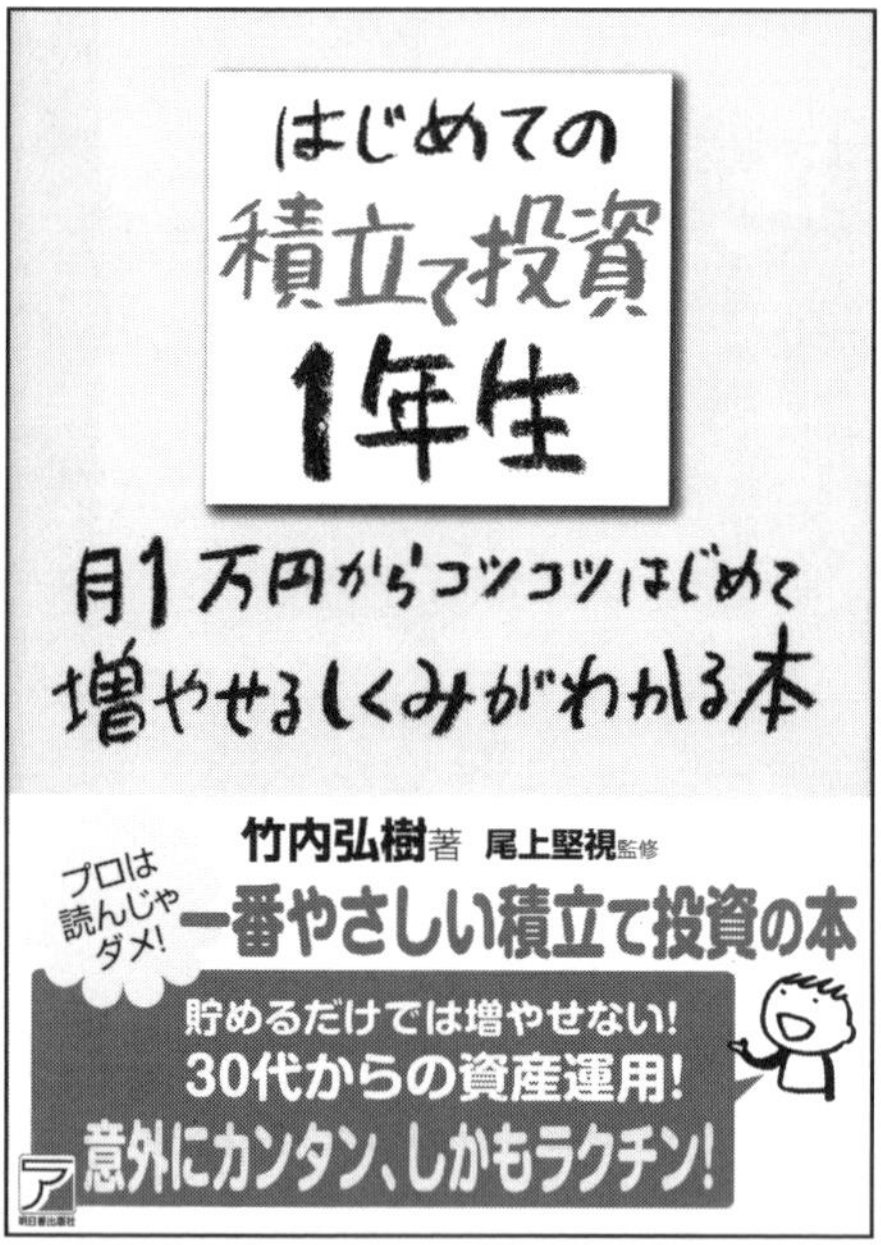

将来の年金はあてにできない、でもこのままコツコツ貯金を続けてもなかなかお金は貯まらないし、いきなり株やFXなどの投資をはじめるのもこわい…。そんな投資初心者の方は、少額からはじめられて自動で積み立てのできる「積立て投資」からはじめてみるのがおすすめです。イラスト入りで楽しく読めます。

本体価格 1500 円＋税
A５並　200 ページ
ISBN978-4-7569-1511-5　2011/12 発行

はじめてのFX　1年生
儲かる仕組み損する理由がわかる本

木暮　太一

FXを始めるために必要な下地の知識を、難しい言葉を極力なくして解説。テクニックではなく、FXの流れと仕組みを理解することで、自分で計画を立て、損せずコツコツ儲ける技術を身につけることができます。

本体価格 1400円＋税
A5並　232ページ
ISBN978-4-7569-1295-4　2009/05発行

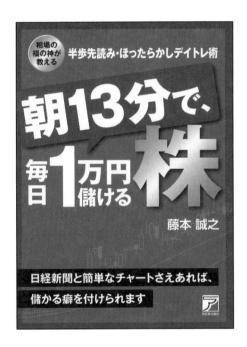